EL AMOR

*La suma y la substancia
de la realidad eterna*

ENCUENTROS REVELADORES CON

MASTER TEACHER

ENDEAVOR ACADEMY
Certum Est Quia Impossibile Est

©2016 Endeavor Academy
El Amor: La suma y la substancia de la realidad eterna
Encuentros reveladores con Master Teacher

(ISBN-10): 1-890648-22-1
(ISBN-13): 978-1-890648-22-0

Publicado por:
Endeavor Academy
PO Box 206, Lake Delton, WI 53940, USA
Teléfono: +1 608-253-1447
www.themasterteacher.tv/es
Correo electrónico: publishing@endeavoracademy.com

TABLA DE CONTENIDO

Sé mi enamorado………………………….………..………....7

El AMOR: la suma y la substancia de la realidad eterna…29

El poder sanador del Amor…………………………….…..65

El Amor es algo espléndido……………………………...101

Un nuevo mandamiento les doy.
Que se amen los unos a los otros.
Que tal como yo los he amado,
también ustedes
se amen los unos a los otros.
Porque si ustedes se aman unos a los otros,
todos los hombres sabrán que
son mis discípulos.

Juan 13: 34-35

PRIMER ENCUENTRO

Sé mi enamorado

La vida en la tierra es una transacción, una negociación, un intento de establecer equidad, de llegar a un acuerdo donde no existe alguno. La forma de amor más novedosa es el acuerdo prenupcial, el cual es elaborado por un abogado, y donde todos pueden continuar aferrados a todas sus cosas, y compartir solamente algunas. ¿Qué tipo de relación dirías tú que es esa?

(Viniendo de la audiencia) "¿Una transacción?"

Sí. Una transacción en la búsqueda de un resultado específico.

Hoy quiero mirar el Día de los Enamorados. Así que esta charla va a ser sobre el amor. He estado escuchando en estos días una gran variedad de comentarios acerca de lo que el amor es, lo que no es, lo que debería ser, y lo que parece ser. Esos comentarios van desde "Dios es amor" a "El amor es un caniche francés." Y todas estas expresiones, por cierto, son verdaderas pero limitadas en cierto sentido ya que Dios no puede ser definido y el caniche solo podría definirse utilizando como base lógica la comparación con un *canis domesticus*. "¿Qué fue eso? ¿Qué fue lo que él dijo?"

Finalmente, debemos amar de manera objetiva: Te amo por tus tobillos. Me encanta tu nariz. Me encanta tu pelo. Me encantan tus senos. Te quiero por tu intelecto. Te amo por tus logros artísticos. Te amo por la forma en que me haces sentir. Te amo por tu bote nuevo. Te quiero porque vamos a la misma iglesia. Te amo porque eres negro, azul o verde... Te amo porque compartimos muchas cosas que no nos gustan. Te amo porque de alguna manera vamos a pasar por el dilema de la tierra en nuestra búsqueda, y juntos podremos encontrar respuestas. Te quiero, porque mi padre me dijo que tenía que hacerlo. Te amo en desafío a mi cultura. Te amo por todas las pequeñas cosas que compartimos juntos. Te quiero a pesar de lo excéntrico que eres, e intentaré cambiarte o te tendré que aceptar. Increíble, ¿no?

¿Qué diablos es el amor? Yo te aseguro algo, el amor no es una forma de intercambio. Y el empezar con esa premisa, te va a ayudar mucho. He oído decir y me parece que bien dicho, que el amor es en última instancia dar. Así que tal vez antes de definir el amor, debamos definir lo que es *dar*. ¿Cuántas maneras de dar hay? Hay un tipo de dar que conozco que es un intercambio, en el que alguien que ama el dinero saca una pistola y te dice: "La bolsa o la vida." Y tú le das tu dinero. Y, de hecho, éste es un acto de dar. Hay otra manera de dar que dice: "Tenemos la obligación de darle a la tía Tilly un regalo de Navidad con la esperanza de que nos recuerde al momento de preparar su testamento, o de hacer un intercambio, o para que nos dé un regalo" o, "¿Y qué nos dio el año pasado?", o "No gastamos tanto", o "No le vamos a dar nada; ella no nos dio nada". Hay una forma de dar que es aparentemente agradable en la que tú de buen corazón das algo que valoras mucho, y te sientes decepcionado cuando no es bien apreciado o cuando el regalo que recibes a cambio no se equipara al valor de lo que tú diste. Hay otro nivel de dar en el que das en total sacrificio. Tomas tu vida y la pones en el altar a la humanidad y lavas las heridas de los leprosos. Y entonces no intentas sanar el profundo dolor y las heridas que tienes en tu corazón.

La clase de dar de la que hablamos, la cual está asociada y de hecho es amor, tal como se define en la terminología que estamos utilizando, es el dar con el absoluto reconocimiento de no necesitar ninguna recompensa, donde la mera idea de que algo viniera de vuelta como consecuencia del regalo que has dado está fuera del marco de tu consciencia. De hecho, según trasciendes tus identidades limitadas, verás que al extenderte por medio de un regalo, recibes el amor que proviene de ser lo que eres.

Una de las cosas más difíciles de expresar a alguien en este camino es la idea de saber recibir. No puedes ser bueno dando, si no sabes recibir. El sentirte digno de aceptar cualquier regalo que se te ofrece con amor es parte del proceso que estás recorriendo para descubrir quién eres realmente.

Es difícil entender que lo que no dura para siempre no se puede dar. Estamos llegando a entender, en última instancia, que lo que entendemos por amor es creación. El amor es sólo la extensión o proyección de lo que tú crees ser. Cuántas veces has dicho cuando das, "Éste va a ser un regalo perfecto para el tío Juan. Se parece a él." Al hacer esto lo ubicas en una categoría en particular. Lo has clasificado. ¡Increíble!

La única cosa que puedes dar de manera final, absoluta y total, y aún así retener es: una idea. Una idea es la única cosa que cuanto más das, más tienes. Pero recuerda esto, finalmente, solo puedes ser una idea sobre ti mismo. Y lo único que puedes presentarle a otra persona como regalo es lo que crees ser o lo que piensas que ellos son, lo cual es realmente la misma cosa. Porque lo que piensas que ellos son es solo un reflejo de lo que piensas que eres, ¿no es así? ¿Entonces, cuánto realmente amas a aquel a quien le ofreces un regalo? Hay una gran cantidad de identidades, que debido a sus inseguridadades, son capaces de amar siempre y cuando sea a la distancia. Podemos entonces establecer ídolos que estén fuera de nosotros y dotarlos de características o ideas que admiramos. Eventualmente nos fallarán, pero no pasa nada. Podemos establecer otros nuevos, que podamos amar. Y finalmente rechazar.

He oído decir: "No sé lo que es el amor, pero sé cuando estoy enamorado". ¿Entonces, es el amor una experiencia? Bueno, nos estamos acercando, ¿no? Sí, el amor es una experiencia. La creación es una experiencia. La creación, es finalmente, el regalo que recibes del Espíritu, de Dios, junto a tu capacidad de recibir. El único requisito que se te ha dado en esta tierra es poder recibir tu propia herencia en su totalidad, o el regalo de la libertad y el amor que ya son tuyos.

"Ah, ya sé que me quieres mucho, pero ¿cuánto en verdad me amas? ¿Quieres ser mi enamorado? ¿Qué tengo que hacer para ser tu enamorado? ¿Cuáles son los requisitos? ¿Cuánto tengo que dar a cambio?" La idea de que el amor no pida nada a cambio es muy difícil para una consciencia dual, porque todo en la tierra debido a la ilusión, está fundamentalmente basado en la reciprocidad. Piensas de una manera secuencial. Determinas todo lo que esperas obtener, en base a lo que previamente has obtenido. Y luego, se convierte en polvo. Entonces buscas otra cosa. Y eso se va. Luego buscas algo más. Y sigues buscando. La gente camina por la tierra diciendo: "Todo lo que quiero es un poco de amor. Todo lo que quiero es un poco de reconocimiento. Todo lo que quiero es simplemente alguien con quien compartir mi vida." ¿Esa soledad es real? Por supuesto que es real. Cuando encuentras ese amor que buscabas, ¿es el amor verdadero? Santo Dios, ¡es real! ¿Por qué no sería real, Hijo de Dios? ¿Crees que la esencia de los sentimientos que tienes dentro de ti no son reales? Claro que son reales.

El amor es amor. No hay nadie en esta sala que en algún lugar de su consciencia no haya tenido la experiencia de sentir un amor tan intenso, que no supiera qué hacer. ¿Estuviste alguna vez tan enamorado, que no podías soportarlo? Ni siquiera querías estar cerca del objeto de tu adoración. Querías simplemente dar un paso atrás y disfrutar de esa increíble aniquilación extática produciéndose en tu sistema. Te levantabas de noche para caminar por la casa y poder ver la luz. Ese tipo de amor es patético. Inevitablemente, tus esperanzas de alguna manera se desvanecieron. Estuviste muy cerca y descubriste que ella no era todo lo que pensabas que era. Pero la naturaleza de la necesidad de amar procede de Dios. Por supuesto. ¿Qué otra cosa podría ser?

El Amor, en su expresión máxima en la tierra es una espera. Los logros en la tierra no son capaces de darnos dicha duradera. Estoy seguro que la mayoría de ustedes están conscientes de ello porque experimentan la insatisfacción innata de la necesidad de que la búsqueda llegue a su final o de encontrar la verdad acerca de ustedes. Así que el amor es algo parecido a la búsqueda de tu otra mitad, ¿no? Solo encuentras una mitad en ti y sigues buscando la otra, sin saber que esa otra mitad reside en ti. ¿Quieres ser mi enamorado? Espero que seas mi enamorado de manera absoluta y completa. "Bueno, estoy dispuesto a ser tu enamorado hasta cierto punto."

Eso es lo que le dices a Dios, ¿no es así? Si Dios te dijera: "¿Quieres ser mi enamorado?". Le dirías: "Claro. ¿Cuáles son tus requisitos?". Él dice: "Bueno, uno de los requisitos, es que tienes que estar feliz todo el tiempo. Tienes que estar dichoso. Tienes que estar en éxtasis. Tienes que extender tu amor y ver solo belleza. ¿Lo puedes hacer?" Y dices: "Bueno, ¿quién está preguntando? ¿Cómo sé que eres Dios realmente? ¿Cómo sé que realmente me puedes dar esas cosas?". Dios ni siquiera te oye cuando le pides algo, ¿verdad? Él ya sabe que lo tienes todo. Es asombroso. "No puedo darte otra cosa que no sea amor, mi cielo. Eso es lo único que tengo en grandes cantidades, mi vida". Es increíble. Es una verdad más elevada. "Sí, pero me quieres de verdad o solo lo dices de la boca para afuera?". Increíble, ¿no? Esa es la clase de amor que motivará tu despertar. Esa es la clase de amor con la que todos se han encontrado, en la que se dan cuenta que sus ideas se derrumban al no recibir el resultado que querían.

A veces se te hace difícil entender que nada en este mundo va a llegar a ser finalmente de la forma como quieres que sea, excepto la muerte. Y en el proceso de aceptar la muerte, te has limitado a ti mismo a la idea del dolor, el asesinato, la codicia y todas las cosas que lo acompañan en la tierra. "Quiero que seas mi enamorado, pero no quiero que éste lo sepa, y tampoco quiero que este otro sea mi enamorado, quiero que seas solamente tú." Cuán pronto, siendo niños, se nos enseña a retraernos, ¿no es esto lo que hacemos? Como parte de nuestro curso en supervivencia, se nos enseña a distinguir y a discriminar. Cuando yo era niño teníamos tarjetitas de odio. Venían en pequeños paquetes, y decían cosas horribles. La gente las enviaba de forma anónima a otras personas. Y éstas decían: "Te odio." Ahora no nos molestamos en hacer nada hacia aquellos que odiamos. Los odiamos excluyéndolos de nuestras vidas, de nuestras ideas.

Al fin y al cabo el problema radica entonces, en saber recibir, en ser capaz de decir: "Bueno, lo tomaré." Porque si yo fuera a darte todo lo que pudieras pedir en esta tierra, nunca te podría satisfacer. Sabes perfectamente que no te saciarías, y es por eso que estás aquí. Has llegado a una etapa en la maduración de tu consciencia en la que has mirado y has visto que ibas a morir. Has visto la muerte, ¿no es así? Te has dado cuenta que aquí todo muere. ¡Sorprendente!

"Bueno, si es cierto que hay que darlo todo con el fin de conservarlo tal y como Jesús enseña en *Un Curso De Milagros*, ¿qué me va a pasar si creo en eso y tomo todas mis cosas y las regalo?". Esa es una buena pregunta. "Es fácil para ti decirlo. Tú me dices que solamente extienda mi amor y lo dé, pero después de todo, estoy aquí en la tierra. Tengo que comer. Tengo que tener una casa. Tengo que tener un auto. Tengo que subsistir. Tengo derecho a algunas cosas. Quiero poder enviar notitas de amor, tener personas que reciproquen el amor que les doy. Tengo que hacer eso, ¿verdad?".

Llegar a saber lo que en verdad eres es un proceso de transformación que no tiene nada que ver con lo que a la larga haces en la tierra.

La motivación de no hacer nada va a terminar exactamente en el mismo punto que la motivación de tratar de hacer todo. No hay diferencia alguna. Estás en esta tierra y la has fabricado como resultado de tu identificación con una autoestima limitada. Cuando descubras quién eres en realidad, ya la tierra no estará ahí. ¿Y eso tiene algo que ver con el amor? Sí, esto tiene todo que ver con el amor. Porque mientras discrimines en tu mente entre lo que es la belleza, el amor y lo que te parece deseable, estarás rechazando otros aspectos o ideas tuyas por considerarlas alejadas de Dios, menos verdaderas o no dignas de ser amadas. Y al rechazar estas cosas de tu consciencia, éstas no desaparecen. Se quedan contigo. Y son éstas las cosas que temes y de las que te defiendes.

Si el amor es real, y yo te aseguro que lo es; si Dios es un hecho, y te aseguro que lo es; si la verdad no requiere de tu opinión para ser verdad, y yo te aseguro que es así; no podría haber tal cosa como maldad, odio, necesidad, aniquilación, división, manipulación, necesidad de identificarse, de perdurar o de tener que defenderse. "¿Estás diciendo, entonces, que el amor no es activo? ¿Es el amor ágape? ¿El amor no es otra cosa que espíritu? ¿Es el amor algo que simplemente me motiva a irme al tope de una montaña para vivir una especie de *samadhi*, una especie de ideal etéreo?" Todo lo contrario, el amor es, el amor es - Amor. El amor es totalmente activo, sin objetividad alguna. ¿Cómo se puede expresar algo así? El amor es la crisis de la consciencia en el acto de culminarse. El amor es darse cuenta que uno es un extraño, es el reconocimiento de la soledad, de la profunda nostalgia, de la necesidad de realizarse completamente. Y entonces, ¿es activo? ¡Totalmente activo! ¿Crees que el amor de Dios por ti no es en última instancia, un estado de acción? Por supuesto que lo es, pero no una acción en la idea de reciprocidad, sino la acción en la verdad de sí mismo en el pleno reconocimiento de sí. ¿Crees que mi amor por ti es activo? Puedes apostar todo a que lo es. ¿Qué es? Es una extensión de mí. Qué es la creación en últimas sino una identificación de la belleza que se origina en el reconocimiento de la belleza del ser o de la fuente. ¡Oh! ¿Qué es lo que compartimos cuando pintamos corazones o escuchamos música? Participamos activamente en las energías o los rayos, o tejidos de la consciencia. Eso es lo que hacemos.

He visto muchísimas definiciones del amor que lo describen como algo claramente activo, donde la palabra amor tiene la misma connotación que fornicar, algo como, "Déjame amarte esta noche. No lo dejemos para mañana." Eso es muy activo. Y desde ese punto de vista, por supuesto, el amor requiere un objeto, ¿no es así? Y luego, nuevamente, lo he visto expresado de una manera muy superficial, tal como lo hemos dicho, en la que alguien se sienta en un estado de, "No te me acerques mucho. Estoy enamorado. Amo solamente a Jesús, y no me importa nada más." Ésta es una idea impresionante. ¿Quieres ver un amor que sea realmente objetivo? Mira algunas formas del cristianismo. "Yo amo a mi gurú, y le voy a ser infiel si me acerco a ti." Esa es una idea extraña. Escúchame con atención con respecto al amor y sus objetos.

El amor no es en última instancia belleza, a pesar de que he oído que lo definen así. La belleza requiere percepción. El amor no requiere percepción alguna. De hecho, en la percepción no puede haber amor verdadero porque si hay grados de comparación, se involucran elementos de algo menos que amor y Dios nunca es algo menos. No hay nada secundario al amor. No puedo elegir amar algo y rechazar otra cosa. Eso no es amor; eso es odio. Esto es difícil, ¿verdad?

Te encuentras con alguien en la calle y le dices: "Te amo." ¿Qué va a decirte? "Oye, ¿qué te pasa, estás loco? ¿Qué quieres? Aquí tienes dinero, ve y cómprate un café. ¿Por qué me dices eso? ¿Qué quieres decir cuando dices que me amas?" ¡Oh! Hoy miré tu mundo y vi el desespero que pasan las identidades de karma, los personajes, en sus intentos de comunicarse con los demás. Ellos no se dan cuenta de cuán absolutamente inútil es eso. No se dan cuenta de que en verdad –y esto aplica al amor- su adoración, literalmente no existe excepto en su propia consciencia, a la que han dotado de características que posteriormente tendrán que negar y rechazar. Nuestro hermano Jesús en el *Curso de Milagros* lo expresa de esta manera: Él dice que tú literalmente no puedes ver a tu hermano, quien está de pie a tu lado; y que si pudieras verlo por solo un momento, te darías cuenta inmediatamente que comparten una hermandad o unión en Cristo y morarían juntos en amor. Todo lo que ves, finalmente es una copia de tu propia consciencia, de tus memorias. Tienes un intenso deseo de amar lo que se encuentra fuera de ti, pero has proyectado fuera de ti exactamente aquellas imágenes que odias y rechazas debido a tu asociación con el miedo y la culpa, entonces es inevitable que no puedas aceptar el amor de tus proyecciones. ¿Cómo podrías? Lo mejor que puedes hacer es compartir con ellos tus ideas sobre la muerte.

A veces, el camino para encontrar esto de lo que estamos hablando nos parece riguroso y difícil. Leemos lo que dice el *Curso* y yo honestamente enseño que tienes miedo de saber la verdad sobre ti. Si el amor intenta acercarse a ti de una manera auténtica lo rechazas y te defiendes alejándolo de ti. ¿Qué crees que es el amor finalmente si no el Cristo - si el amor al fin y al cabo no es sino el hombre en Dios? Tú no quieres tener nada que ver con el hombre en Dios. Piensas que Él te obligaría a renunciar el ser limitado que has hecho de ti. Tienes mucho miedo de hacer eso. "Pongámonos de acuerdo, yo paso por alto lo que pienso que eres -más o menos- y tú pasas por alto lo que piensas que soy, y quizá podamos estar juntos hasta que la muerte nos separe." Y entonces me paro frente a ti y te digo no hay tal cosa como separación. Nunca estás solo y la verdad es que no puedes estar solo. En el proceso de descubrir eso, puedes tener muchísimos momentos de soledad, porque si no te hubieras sentido solo, ¿cómo podrías saber que hay tal cosa como una total falta de soledad? Lo mismo puede decirse entonces sobre cualquier experiencia que hayas tenido almacenada en tu memoria.

De hecho, todo lo que te ha ocurrido te ha traído a este punto en el tiempo y el espacio, donde estás en este momento, ¿no es así? ¿Preferirías estar en un lugar diferente al que ahora te encuentras? ¿Hay algo mejor que puedas amar más que lo que tienes y amas ahora? ¿Qué es lo que estás buscando? ¿Qué es lo que esperas encontrar? Escúchame: no lo puedes encontrar aquí; no está aquí. No hay amor en la tierra. Finalmente, cuando llegas a experimentar en su totalidad el sentimiento de unión que se logra por medio de tu proceso de transformación, inmediatamente ves la falsedad de la tierra, y la irrealidad de todo lo que te rodea.

Yo no te quiero debido a las cosas que pienso de ti. Te quiero porque sé quién eres. No te quiero debido a cualidades que te he adjudicado, ni debido a comparaciones que he hecho de ti con respecto a otras personas que aparentemente están fuera de ti en esta confusión. Tú eres incomparable. ¿Podría el Hijo de Dios compararse con algo? ¿Con qué se pudiera comparar sino con Su Padre, el cual es igual a Él? No es que pienses demasiado en ti, es que en última instancia no te valoras. Te limitas, ¿verdad? Limitas tu capacidad de amar, por medio de tu incapacidad de aceptar la idea de que en ti se encuentra toda la esencia de la consciencia del universo.

¿Podría el universo no amarse a sí mismo de manera total? ¿Qué otra cosa hace éste? ¡Increíble! Mira simplemente lo que es el amor realmente. Porque el amor en la aparente ilusión de separación pareciera intentar sostenerse a sí mismo, y de hecho lo hace, pero esto no hace que pierda sus características. ¿Acaso Dios no se sostiene a través de ti? Te digo en verdad que en última instancia no hay grados de divinidad, que el estado de ser, el dharma, la voluntad de Dios es la unidad y la singularidad; que este lápiz es tan santo como cualquier otra cosa en el universo. El universo no es la suma de sus partes. De la misma manera que mi amor por ti no es la suma de las distintas cualidades que tienes que hacen que yo llegue a concluir que eres adecuado para mí.

Qué bueno sería si finalmente te dieras cuenta de que en la tierra todo va a ser o totalmente adecuado o completamente inadecuado para ti. En ese caso habrías eliminado toda necesidad de juzgar y solo amarías. ¡Impresionante! Entonces en últimas damos el único regalo del Día de los Enamorados que realmente se puede dar, nos entregamos nosotros mismos. Y mientras me aferre a alguna parte de mi regalo, no te puedo amar por completo, ¿Podría? Así que te doy amor, y no te pido nada a cambio porque no hay nada que pudieras darme a cambio, porque es solo a través del amor que te doy que puedo conservarlo y puedo ser amado.

¿Cómo podría yo amar si me colocara separado de algo, y permitiera que ese algo estuviese fuera de mí? De hecho, el amor es activo y es creación. Cuando llegues a tu verdad final, Hijo de Dios, descubrirás que eres un creador. Ahora, aquí parado, frente a ti, estoy realmente creándote, ¿no es así? ¿No te das cuenta de que es el concepto que tienes de ti lo que motiva tu percepción? ¿Estás entonces, creando algo odioso? ¿Estás fabricando algo que no te gusta, de lo que quieres deshacerte? Qué raro. Jesús en el Curso te dice afectuosamente, protege todo lo que valoras compartiéndolo. ¡Oh! "Bueno, lo intenté y no funcionó. Salí por ahí y regalé un montón de cosas. Y no fue apreciado. El mundo sencillamente no es bueno, y no hay nada que yo pueda hacer al respecto, por lo tanto, me las arreglo como mejor pueda".

El proceso de entrega total, o de la entrega de ti mismo, en última instancia es un proceso de rendición o de cancelación – otra palabra para describirlo sería: muerte. Te estoy exponiendo a un proceso de muerte, y seguirás estando aquí al completarse. ¿No te parece asombroso? ¡Vaya! Esa es una idea interesante. No hay muerte, hermano. Si hubiera tal cosa como muerte, ¿cómo podría haber amor? ¿Se trataría entonces de amar algo hasta que muera? Luego buscas otra cosa para amar y sigues confuso en tu lucha. Sorprendente.

¿Entonces, dónde encuentras la unión? ¿Dónde encuentras esta verdad? En ti. Finalmente, el universo es solamente la idea que tienes sobre él. Al fin y al cabo ¿cuánto amas? ¿Qué rechazaste hoy por encontrarlo inadecuado para ti? ¿Cuánto te protegiste hoy de tus proyecciones, de tus ilusiones? El don de la misericordia no se fuerza. Me parece bien. Suena familiar. La misericordia está aquí todo el tiempo. Entonces, ¿recibes tus regalos de buen temple? Sé mi enamorado en esta ocasión. "No voy a darte un regalo para celebrar el amor esta vez. Te di uno el año pasado, y no me diste nada a cambio, y eso lo voy a recordar siempre." Todos tus resentimientos, todo a lo que te aferras de un tiempo pasado; nada de eso es real. ¡Nada!

Por primera vez, y no quiere decir que piense en el tiempo como algo secuencial, pero en este tejido en particular o en este momento, estamos intentando enseñar sobre la "ilusión" (y tal vez esa es una palabra que usaremos en este sentido). La Expiación o el cambio de la mente o la resurrección son totalmente subjetivas, y dependen totalmente de ti para ocurrir, y no hay nada fuera de ti que vaya a hacer que sucedan. Esa es una idea muy difícil para ti ¿verdad? En últimas, la idea de que en tu estado de consciencia seas responsable de lograr la paz, la gloria, el cielo y la eliminación del dolor, es sumamente difícil para ti. Pero detente y piensa por un momento. Si estás en un estado de consciencia, y yo te aseguro que lo estás porque lo estás diciendo, -me parece que tú piensas que eres tú, pero no me puedes decir quién eres- te va a resultar más sencillo aceptar la idea de la maduración, que tú estás despertando de un sueño, que estás regresando a un estado original. No hay nada absolutamente nuevo en esta idea. Es tan antigua como el hombre y siempre aparece como una revelación.

Voy a expresarte esto: Cualquier intento mío de enseñarte lo que me llegó por medio de una revelación va a ser una forma de corrupción. Te digo que hay citas en *Un Curso de Milagros* que son virtualmente idénticas a las del gran místico pagano Plotino del neo-platonismo, o a las del cristiano místico Meister Eckhart, o más directamente a las de Meher Baba -Meher Baba tiene algunas citas en *Un Curso de Milagros*- o a las mías. Finalmente, te va a empezar a ocurrir como intercesión directa de la consciencia manifestada a través de la escritura desde un nivel diferente de consciencia contenido en *Un Curso de Milagros*, que hay muchísimo más para ti de lo que te has permitido hasta este momento. Por amor de Dios. Es de eso de lo que estamos hablando aquí. Se te hace difícil entender que el único requisito que hay, es que llegues a la verdad. No existen otros requisitos. ¡Despierta! ¡Despierta! Tus creaciones están esperándote. La fisura en el tejido ha sido reparada. Tú estás soñando. Todo esto ya se acabó.

Es difícil sentir amor cuando alguien te está atacando, ¿no es cierto? Estuve mirando el dilema de consciencia con el que se encuentran personas que quieren amar en un lugar en el que parecen ser atacadas y mal interpretadas constantemente. Se requiere un cierto esfuerzo, una determinación. Tal vez la palabra sea fe. Confianza. El comprometerse con la vida eterna o con la idea de que no haya muerte. Es imposible fracasar, no te desanimes.

¿Sabes una cosa? A medida que caminas más a lo largo de este camino, el rechazo no te preocupará en lo más mínimo. Eso es duro. Es muy difícil enseñarle a un principiante esto, sobre todo cuando llegan a un punto en el que se sienten muy sensibles, realmente quieren amar y no pueden entender por qué son rechazados y por qué hay tanta codicia y corrupción en la tierra. Y ahí, les digo: "Es que así es el mundo", es difícil. Y siguen pensando que debe haber algo fuera de sí mismos que va a compadecerlos por la conclusión a la que han llegado sobre ellos mismos.

Por último, cuando te despiertes, descubrirás que eres absoluta y totalmente indiferente a lo que cualquiera diga en la tierra. ¿Por qué? Porque sabes que no es real. Es una locura el nivel de protección que ejercen aquellos que defienden sus credenciales. Por supuesto. Voy a decirte una cosa sin embargo. En cuanto descubres la verdad acerca de ti, sin encontrar ninguna diferencia, empezarás a extender desde la verdad de lo que eres. Descubres que somos lo mismo. ¿Quién crees que está de pie aquí haciendo esto? ¿Qué crees que el hermano Jesús quiere decir finalmente cuando dice en el *Curso de Milagros* que Dios solo tiene un Hijo? Con razón te amo tanto. Con razón te lo doy todo. ¿Por qué no habría de hacerlo? ¿Qué iba a retener? Nadie puede darse por completo si tiene un sentimiento de carencia en sí mismo.

No puedes amar a alguien de manera incondicional mientras no seas el amor mismo. Pero todos hemos tenido momentos hermosos. La luz de la luna que brilla en el lago, el ladrido de un perro en la distancia, el susurro del viento entre los pinos, el intenso olor de la planta de mostaza en el prado; el mero descubrimiento de una pequeña flor silvestre que crece en una grieta entre las rocas, una gran cola de golondrina en el césped por la mañana, la increíble sensación de nostalgia solitaria cuando una antigua melodía suena en tu corazón. ¿Qué otra cosa puedes ser sino divino? Esos momentos en que te sientes completo, en éxtasis y sereno son parte de tu herencia. Ellos son lo que tú en verdad eres. Y así será para ti; así será cada momento en que tú lo permitas -no preparándote para mañana o para la próxima semana o el próximo año en la continuación de una idea limitada acerca de ti mismo, sino entrando en este momento a lo que realmente eres, descubriendo por medio de tu rendición, de tu indefensión lo invulnerable de tu poder, lo que eres.

La especie humana tiene un pacto que se ha cumplido y está esperando tu regreso para que el cielo esté completo. Ese es el único requisito. ¡Feliz Día de los Enamorados! ¿Qué tan dispuesto estás a recibir? ¿Te puedes dar cuenta de que es el dar, y no el objeto que das? A veces, es lindo el proceso en el que alguien se esmera en hacer algo por amor a ti -y yo te aseguro que eres amado- entonces miras el pensamiento que pasó por su mente cuando pensaban en qué hacer, cómo hacerlo o comprarlo, la planificación del momento para dártelo, en la espera de que tú lo apreciaras. Ese es el comienzo, ¿verdad? Los que reciben desde la verdad son siempre muy humildes pues entienden que el que da, lo hace por amor. Todo esto es fascinante.

Acepto el regalo que me das, porque te reconozco como el Hijo de Dios. Te veo creándome en el regalo que me das.

Y en mi aceptación de tu amor extiendo el mío hacia ti. Y de hecho no hay ninguna diferencia entre dar y recibir, nunca la pudo haber.

"Te doy a ti tal como me das a mí, amor verdadero, amor verdadero." ¡Cuán hermosas son las palabras provenientes de la mente humana! ¿De qué otro lugar en el universo podrían venir las palabras o ideas excepto de la mente del hombre? ¿Estás consciente de tu divinidad hoy? ¿Te has comportado hoy como el Hijo de Dios? Estoy enseñándote a hacer una revisión al final del día, a darle un rápido viztaso al día en tu mente y decir: "No me salió tan bien esta vez, pero, ¿será que estoy perdonado?" Y una gran voz dirá, "Claro que sí, estás perdonado." ¿Por qué no sales y cometes algunos errores graves? Te perdonaré esos también. Pero recuerda esto: No me puedes engañar. Yo soy la verdad y te digo que no me puedes engañar. No tengo ninguna base lógica para esto. No voy finalmente a razonar contigo. ¿Qué quisieras esconderme? Yo te conozco. Cuando empieces a hacer esto, tendrás una sensación de estar limpio. No es necesario que salgas y trates de reparar cosas que hayas hecho mal o hayas pensado que están mal. El perdón es del corazón. ¿Tienes entonces miedo de ir al altar y revelar lo que realmente piensas de ti mismo? Por supuesto que tienes miedo. Es por eso que estás aquí.

Dame la mano. Iremos juntos. Te llevaré allá arriba. Cuando lleguemos al final, te daré un empujoncito y te ayudaré a cruzar, y tu sueño se habrá terminado y despertarás en tu Hogar. Y dirás, "Oh, estaba soñando." Todos ustedes han tenido intensos sueños que les parecían muy reales y al despertar de repente se acuerdan muy bien de ellos. "Oh, estaba soñando." Esto es lo que te va a pasar cuando descubras la irrealidad de la tierra. Va a ser así mismo. Y tú dirás, "¡Oh!" Esto es lo que les está ocurriendo a muchos de ustedes ahora. Cuanto más se acercan a esto, más les llega. Me parece que debemos tener un momento de silencio ahora.

Buenos días. Es un día nuevo. De hecho, hace dos días fue el Día de los Enamorados, pero el Día de los Enamorados es cualquier día que tú permitas que sea, aquel en el que das tu regalo ¿no es así? Alguien dijo que se sentía medio tonto, y de eso es de lo que vamos a hablar solo por un momento aquí, porque cuando estás enamorado, actúas como un tonto, ¿verdad? En última instancia no hay nada práctico acerca del amor. El momento en que haces del amor algo práctico, es como tratar de hacer que Dios sea práctico. No hay absolutamente nada práctico en Dios. ¿Cómo podría haberlo? Dios no es práctico en absoluto. Todo lo que un genio finalmente enseña, o lo que un maestro en el reconocimiento enseña, va a parecer una tontería para el hombre natural, y esto incluye el amor o la idea del amor total. La idea de un amor total implica el abandono o el rendirse ante aquel al que adoras, la extensión de tu ser total hacia el objeto, la imagen o la percepción que dices amar.

No hay aplicación práctica, en última instancia, no hay ningún principio lógico en Dios. Él es un fuego ardiente dentro de ti que necesita ser expresado. Eso es lo que haces, todo el día. Caminas por ahí, tratando de expresar esta alegría, esta increíble abundancia que hay en ti. ¿Entonces, qué es el amor? Bueno, hemos visto muchas cosas que no lo son. Obviamente, no importa desde donde lo mires el amor nunca es una forma de intercambio, ¿no? El amor nunca es objetivo; no puede serlo. El amor finalmente nunca es solamente para algunos, no puede serlo. Así que hemos visto una gran cantidad de ideas sobre lo que el amor no es.

Entonces, ¿qué es el amor? Acerquémonos un poco a lo que es. El Amor, obviamente, es una experiencia. Tú estás de acuerdo con eso. ¿Estarías de acuerdo conmigo entonces en que Dios es una experiencia? Como ya hemos llegado a un acuerdo fundamental sobre la imposibilidad de definir a Dios, la imposibilidad de limitar la verdad, el hecho de que el amor solo se puede experimentar, ¿no deberíamos entonces interesarnos en experimentarlo? ¿Hasta qué punto en estos tres días que han pasado desde la última charla has salido y has sido considerablemente selectivo en tus relaciones? Recuerda que sufres de una enfermedad fatal llamada PL:

Percepción Limitada. Vas a morir a causa de ella. Vi en el periódico esta mañana que uno de los líderes de Rusia tiene una enfermedad terminal. Todo el mundo en la tierra padece de una enfermedad terminal. ¿Has pensado en esto? Quiero decir, todo el mundo en la tierra está obviamente enfermo. Todos han reconocido, a través de su percepción limitada, la increíble y demente idea de un final. Así que, obviamente, ¿qué va a ocurrirles? Van a tener un final. Y con ese final se irá su idea del amor, porque su idea del amor era limitante. Y al limitarse a sí mismos, han limitado su capacidad innata de crear, que es realmente todo lo que el amor es.

El amor es, finalmente, mi completa aceptación de haberte inventado y de que por amor a Dios, más vale que te ame. En la medida en que no te ame, obviamente, no puedo amarme a mí mismo. El mejor consejo que el Cristo pudiera dar es: "Ama al Señor tu Dios con toda tu fuerza y a tu prójimo, o a tu amigo o tu hermano como a ti mismo." El cristianismo exotérico y los salvadores que reclaman haber nacido de nuevo lo expresan a la inversa: no puedes amar a Cristo sin amar a tu hermano, y la idea de poder hacerlo es absurda. En esto se basa toda la enseñanza de *Un Curso de Milagros*. Por supuesto que es mucho más fácil amar a Dios de lejos. Es más fácil amar, respetar, e idolatrar a un gurú envuelto en una sábana blanca que se sienta en el pico de la montaña, que puedes ir a visitar, pero con el que no tienes que identificarte totalmente. Con tu hermano tienes que identificarte totalmente. Es por eso que hasta que no encuentres al Cristo en ti o en tu hermano, nunca podrás encontrarlo a Él.

¿El amor, entonces, es una búsqueda? ¡Claro que sí! Ah. Es la deliciosa anticipación de la plenitud, ¿no es así? Expresiones tales como: "Yo soy amor" son muy ciertas. "El Padre y yo somos uno". "Yo soy el que soy". Claro que es verdad. Cuando experimentas ese momento - y todos los aquí presentes han tenido la experiencia en momentos de plenitud –ésta se mantiene permanente en la consciencia como una experiencia máxima. Enseñamos con la convicción de que cuando trasciendas o cambies tu mente o cuando resucites, te salves o te ilumines, vivirás y extenderás desde ti un estado de éxtasis constante -no definiendo éxtasis como lo opuesto al dolor, sino como la verdad o el amor. ¿Lo has entendido? Ahí lo tenemos prácticamente todo. Que es lo mismo que decir, que cuando llegas a ese estado lo aceptas todo completamente.

Hay un punto que quiero sacar a relucir aquí. Es sumamente claro para mí que en tus proyecciones, cuando ves algo hermoso es porque lo has juzgado como más bonito que otra cosa. Este es un proceso inevitable. Luego de trascender, lo que experimentas es un amor total hacia ti mismo, o la acción de perdonarte a ti mismo, o la falta de culpabilidad, lo que te da un parámetro con el que juzgar todo y por consecuencia amarlo. Por ejemplo, si alguien te pregunta si una víbora venenosa te parece tan hermosa como un ramo de rosas te está hablando desde una posición en la que se implica que la belleza no es en última instancia una cosa singular. Recuerda esto, en términos de la consciencia: Todo es perfecto en sí mismo, todo, menos tú. ¿Puedes oír esto? Tú eres el que está loco. ¿Crees que esa rosa no es perfecta en sí misma? ¿Crees que esa serpiente no está llena de un amor total hacia ella misma? ¡Por supuesto que lo está! ¿La hoja de un árbol no se deleita consigo misma? ¿Y la roca no se mezcla con las moléculas que la identifican como granito? ¡Por supuesto que sí! La roca sabe perfectamente bien quién es, y se siente plena. El que está fallando eres tú. Tú eres el que está dividido. Tú eres el que no se conoce. ¡Sorprendente! ¿Lo ven? Bien. Con razón enseñamos: *Sé fiel a ti mismo*. Si no puedes entenderlo en ti mismo, ¿cómo podrías ir fuera de ti y encontrarlo? No, no puedes.

Ahora, la sutil diferencia que se produce en la consciencia si tú aceptas jerarquías es la siguiente: la roca sabe que es una piedra, pero no sabe qué es lo que tú eres. Tú puedes saber lo que tú eres y también lo que la roca es. Porque, de hecho, si no eres la roca, no eres nada, porque no hay nada fuera de la verdad, la cual es total. ¿Lo ves? Solo hay un estado de consciencia. No hay nada más. Por eso es que solo te puedes definir a tí mismo como "Yo soy quien soy". No hay nada fuera de ti. Eres la roca. Eres la planta. Eres el atardecer. Eres la rica tierra color café de donde vendrá nuestra cosecha. ¿Qué otra cosa pudieras ser? Y no quiero decir que te sientas como un árbol. Quiero decir eres un árbol. Hay una pequeña diferencia ahí. Sabes algo, la gente camina por ahí y cuando sienten esta energía de momento pueden ver un cerdo grande en su corral y decir: "Oh, puedo sentir ese lechón revolcándose en el barro. Me siento como si fuera yo el que lo hace". Y esa es una gran verdad. O le hablarás a los árboles, y sentirás que te contestan. Y eso es una cosa muy real. Al trascender por completo no tienes ninguna identidad que te defina como algo separado del cerdo, de manera que no podrás identificar aquellas partes de ti que te definen como un cerdo. Ja, Ja, Ja, cuánto quisiera poder expresar esto. ¿Lo entiendes? Te conviertes en el árbol y en el cerdo. Y eso es realmente lo que es el amor, ¿no es así? Aquellos de ustedes que han experimentado una unión real por medio del coito, cuando se unen, no pueden notar diferencias entre sí. Por supuesto que no. Se han fusionado. No quiero decir que deban aparearse con un cerdo para poder identificar lo que tienen en común. ¡Perdón! Ves, todo el mundo trata de inmediato de salir y actuar dentro de su marco limitado de referencia. No. No, no. El amor no tiene nada que ver con lo que estoy hablando; el amor no tiene nada que ver con eso. Todas estas cosas son intentos de sostener una consciencia limitada.

El amor cuando se define desde la limitación lleva a cabo una auto-identificación para luego intentar perpetuar un grado de consciencia. Eso es lo que es la supervivencia de los más aptos; eso es lo que es causa y efecto, ¿no es así? Cuando superas eso, ves que en verdad eres única y exclusivamente amor. Ésta es toda nuestra charla del Día de los Enamorados. Entonces, ¿cómo te sientes hoy? ¿Te sientes capaz de ser amado? ¿Será posible sentirse no digno de ser amado por un momento y aún así estar en gracia? ¡Te apuesto a que sí! De hecho, sentirse no digno de ser amado es exactamente lo mismo que sentirse digno de serlo. Esto no se puede enseñar. Lo intentaremos. En una etapa particular de la percepción, para poder sentirte digno de ser amado debes tener un momento de no serlo. ¿Lo ves? Me siento totalmente digno de ser amado, pero hace un momento no sentía que pudiera serlo. Cuando llegas a ser totalmente amoroso no puedes distinguir entre lo que no se puede amar y lo que sí se puede. Por supuesto, porque no lo puedes juzgar. Así es como sé que te amo totalmente. No te juzgo en absoluto. ¡Impresionante! Esta idea sí que es bien elevada. Si entiendes esto vas a entender lo que enseñamos.

Mi amor por ti no puede deberse a tus cualidades. En mi mente en estado dual, pensar que mi capacidad de amar depende de una cualidad, va a conllevar una insinuación obvia de que hay algo que no es digno de ser amado, y eso es una falacia. Todo es digno de ser amado. Finalmente, llegas a saber que no hay grados de amor. Cuando llegues a saber eso, recordarás todo. Regresarás a tu postura creativa. Tal como dice Jesús en *Un Curso de Milagros*: Tus creaciones esperan tu regreso. ¿Por cuánto tiempo estuviste fuera? Solo por un segundo. Te fuiste y has regresado. Realmente no te has ido. En realidad nunca te fuiste. En realidad no has ido a ninguna parte. Esto es el Cielo. ¿A dónde irías? ¿A dónde puedes ir para encontrar amor? "Viajaré a través del universo. Subiré a la montaña más alta, iré al valle más profundo en busca de mi amor verdadero". Donde quiera que vayas, eres eso. Si te quedas aquí, estás en todas partes.

Creo que finalmente podemos decir que el amor, la verdad, Dios y la compleción no se pueden describir, sino que simplemente son. Algo así como cuando estás en ello, que sabes que lo estás. Todo lo que realmente enseñamos finalmente es el amor eterno, porque todo lo que no es eterno no es real. Eso es lo que enseñamos. El miedo es la muerte. Si crees que puedes morir, no puedes amar. Simplemente te estarás compadeciendo. Estamos aquí para decirte que no puedes morir y que, finalmente, debes ser amor total. Eso es todo.

Escúchame con atención. Vamos a añadir una palabra más a lo que el amor final y realmente es. Esa palabra es: Libertad.

Todo amor en la tierra te ata. Debido a tu estado limitado de consciencia, buscas protección en relaciones de amor y te atas a éstas por miedo. Así que lo que realmente logras es un amor en miedo o un amor en odio. Si quieres medir tu grado de amor por alguien que aparentemente está fuera de ti, juzga hasta qué punto lo has liberado. ¿Hasta que punto te aferras a ellos porque piensas que puedes tener amor en lugar de ser el amor mismo? La verdad más elevada que puedo ofrecerte es que no puedes tener nada, porque lo eres todo. Finalmente, no puedes lograr tener amor porque tú eres amor.

Si quieres lo que llamamos una relación de amor que funcione en la tierra y que sea absolutamente perfecta sin desviación y sin elementos falsos, todo lo que necesitas hacer es entregarte a ésta totalmente. Cualquier cosa que pudiera llegar a faltar en lo que para ti sea una relación de amor es lo que no has dado tú. Punto. ¿Esto responde a tus preguntas sobre las relaciones, querido hermano? Por eso es que todas las relaciones de amor en la tierra son transacciones, ¿no es cierto? Tú no te conoces a tí mismo, y el otro no se conoce a sí mismo tampoco, entonces se juntan y no se conocen estando juntos. ¿Qué tan cerca está el amor del odio en la tierra? Justo al lado de él. ¿Qué tan cerca está el amor al miedo en la tierra? Justo al lado de él. ¿Qué tan cerca está la vida de la muerte? Aquí mismo, hermano. Amén. Gracias.

*Amarás al Señor tu Dios con todo tu
corazón, con toda tu alma y
con toda tu mente.*

*Éste es el primero y el más importante de
los mandamientos.*

*Y el segundo se le asemeja:
Amarás a tu prójimo como a tí mismo.
Estos dos mandamientos resumen la ley
y los profetas.*

-Mateo 22:37-40

SEGUNDO ENCUENTRO

EL AMOR
*La suma y la substancia
de la realidad eterna*

Comencemos con algunas premisas fundamentales. Este mundo parece consistir en la necesidad de validar que nuestra propia realidad es estar en separación partiendo de los aparentes "hechos de la vida" que constituyen nuestro cautiverio en esta esfera temporal. Ahora bien, una cosa es segura, es imposible excluir la "idea del amor" de esta condición terrenal de espacio/tiempo que llamamos existencia humana. Dejemos que sea así. Parecieras estar utilizando un cuerpo humano como vestimenta. Aparentemente te encuentras en una asociación de formas, ideas, contingencias, acciones, transacciones entre el bien y el mal, definiciones sobre ti -pero siempre de alguna manera, como parte la especie humana- y en relación al amor.

Todo el mundo tiene una idea del amor. Voy a decir "Uno, dos, tres" y quiero que todos ustedes, todos los que están aquí digan lo que piensan fundamentalmente del amor en este momento. Muchos de ustedes dirán, "Bueno, amor es soltar el miedo". Sí, si eso es verdad para ustedes ¿por qué no lo están haciendo? No me interesa la opinión de ustedes al respecto. Solo quiero que lo digan.

Pronto, piensen en algo; nadie los podrá escuchar porque todos estarán hablando al mismo tiempo. No importa lo que digan.

Amor es mi abuela... o dormir en... o mi tarjeta Visa. El amor es –lo que sea- El amor es ciruelas pasas en el desayuno. El amor es...

Fíjense, ahora están pensando. Ahora voy a decir "El amor es" y quiero que todos digan algo. ¿EL AMOR ES...?

En su forma fundamental el amor pareciera ser la utilización de algo. En lo que a nosotros respecta, pareciera que lo utilizamos. ¿Sí o no? "El amor hace girar el mundo". ¿Es esto cierto? Esperen un momento. Parecen tener definiciones hermosas del amor cuando les pregunto. Pero tan pronto les digo, "¿Y son verdad?". ¡Comienzan a examinarlo! ¿No es asombroso? ¡Comienzan a examinarlo! Para eso, claro, estamos aquí. Vamos a examinar el amor.

Intentémoslo de nuevo: Dios es amor. ¿Y qué quieres decir con eso? Dios es amor. ¿Lo que quieres decir es que Dios y el amor son lo mismo? Bien, Dios y amor son lo mismo. ¿Qué es Dios? Todos: ¡Dios es amor! ¿Es eso? No estoy seguro de tenerlo claro. No estoy seguro de que no haya otra cosa que pudiera ser importante para mí en esta explicación. Me parece que si pregunto qué es el amor, este librito, *Todo Acerca de Dios (*basado en *Un Curso de Milagros)* dice que Dios es Luz. Aquí dice que Dios es Poder. Aquí dice que Dios es Dar. Aquí dice que Dios es el acto total de la liberación de mi identidad.

Así pues, pareciera que ante esta definición del amor, nos faltara otra palabra, la cual probablemente sería cuál,

¿experiencia? El amor es una experiencia. ¿Hay alguien aquí, pregunto solamente por curiosidad, que no se haya enamorado? Levanten la mano. ¿Alguna vez se han enamorado?

"Me parece que sí."

¿Acaso no se han enamorado en algún lugar, en algún momento? Claro que se han enamorado. "Bueno, me parece que sí". ¿Qué clase de respuesta es esa? ¿Qué haces? ¿Lo examinas y luego lo pierdes inmediatamente? Vamos. Todos los que se han enamorado ¿lo perdieron al examinarlo? Creo que estamos llegando a algún lado con esto. ¿Estábamos enamorados siempre y cuando no examináramos el amor? Teníamos que examinarlo, ¿no? ¡Sí, claro! ¿Cómo sabríamos que es amor si no lo examinamos? ¿Cómo podríamos saber que es amor sin tener algo al que nos pudiéramos aferrar? ¿Cómo pudiéramos conocer el amor si no lo pudiéramos ver, examinar y comparar con lo que creemos ser y lo que creemos necesitar?

¿Qué hubiera sido eso si no hubieras sido capaz de examinarlo? ¡Hubiera sido amor! No lo entiendes. ¡Hubiera sido amor si no lo hubieras examinado! Cuando lo examinas, se convierte en ¿qué? ¡EN MIEDO! Alguien tiene que poder oír esto de una manera u otra.

En el momento que examinas el amor se convierte en miedo. La examinación de las asociaciones en tu mente es lo que es poseer, en cuanto posees algo, se convierte en algo temible. ¿Por qué? Porque te produce miedo. ¿Por qué es temible? Porque sientes que vas a perderlo. ¡Pues claro! ¿Quieren saber lo fundamental que es esto? ¿Saben por qué tienen miedo de amar aquí? Porque tienen miedo de perder el amor. Todos, mirénlo en su mente por un segundo y verán que esto es absolutamente cierto. La única razón que tienen para no amar totalmente es que tienen miedo a perder el amor. Tú realmente crees que en el proceso de dar amor perderás algo. Ésta es la naturaleza de tu mente conceptual. Ésta cree que si da algo llamado amor, no le quedará nada. Esto no es lo que es el amor, esto es lo que es el miedo. El miedo es temer la pérdida. El miedo es poseer. El miedo es poner condiciones ¿a quién? ¡A Dios! ¿Y Dios es qué? ¡AMOR!

El amor es eterno... ¿Será el amor eterno? ¿Dios es eterno? Entonces tanto Dios como el amor son eternos. Para aquellos de nosotros que parecemos estar en una condición temporal, en el espacio/tiempo, el amor será una utilización de la eternidad. El hecho es que el amor es la esencia del poder creativo en expansión de Dios. Nuestras demostraciones de esto en el tiempo serán la utilización del poder -oh, dije una palabra terrible. Será mejor que aclare esta palabra. ¿Qué dije? ¡Poder! Ahora estoy en un terreno muy peligroso. ¿Te das cuenta? ¿A qué nos enfrentamos? Tú me dices "Dios es amor, Dios es todo poder". ¿Me estás diciendo que amor y poder son la misma cosa? ¡Qué idea tan interesante! ¡Dios es el poder del amor! Ésta es una idea difícil de creer. Sin embargo es absoluta y verdadera para siempre.

Ahora, miremos la condición en la que te encuentras. Dios es Todo Poder. El poder no tiene opuestos. En tu mente, partiendo del intercambio, el poder es una definición de como el conflicto o la separación se asocian en tu mente. Si todo poder es de Dios -y tú le tienes miedo al poder por éste encontrarse aparentemente separado de ti- tendrás miedo de Dios. ¿Verdad? En este sentido tienes miedo del poder de Dios. Si esto es verdad y Dios es tu creador y Él te ha dotado de todo Su poder, ¡debe ser que le tienes miedo a tu propio poder!

Si temes tu propio poder, tendrás miedo del poder que tienes para poder amar. Literalmente te asustará la pasión de tu asociación con el amor divino de Dios porque para ti va a ser una forma de oposición. Es decir, el poder de Dios literalmente te aniquilará en vez de amarte eternamente. Éste es el cuarto obstáculo para la paz en la inspiración divina llamada *Un Curso de Milagros*, en caso de que no lo hayas descubierto. ¡Le tienes miedo al poder! El poder total te aterra.

Así, pues, tienes miedo del poder total del amor. ¿Lo ves? Como le tienes miedo, lo reprimes. Lo compartes y limitas el poder. Incluso se podría decir que el mundo no es más que un intento de restringir el amor. Toda la asociación con la condición humana no es otra cosa que un intento de restringir y poseer el amor de Dios en dicha asociación debido al miedo al amor. La condición humana literalmente le tiene miedo a la pasión de su propia mente cuando entra en asociación con el propósito creativo del que está dotada. Está completamente atemorizada de su propia capacidad de amar. ¡Oh!

"Si me entrego al amor no tendré nada. Tengo miedo de amar porque me lastimarán". ¿Te das cuenta del impacto que esto tiene para la condición humana? Tiene miedo de amar completamente por temor a ser lastimada. Si se entrega será lastimada, perderá. No se comprenderán sus intenciones. Su entrega no será correspondida. Está dispuesta a renunciar y a sacrificar su limitada definición de sí misma y va a ser lastimada por dar amor, lo cual es Dios. ¡Literalmente le tiene miedo a su propia entrega! Se ha convertido en una sentencia de miedo. ¿No es cierto?

¡Recuerda que Dios solamente da! La vida es solamente un dar eterno. El acto de aceptar a Dios sin establecer ningún control es lo que es el amor y la única cosa que tu pequeña mente teme es ¡la pérdida de control! Lo que más temes es el no poder controlar el amor. ¡El amor no se puede controlar! Qué cosa tan terrible decir eso en este mundo.

"Oh, parece que estoy poseído por un amor incontrolable". Si no se puede controlar ¡no te puede poseer! ¿Cómo puede poseerte si es incontrolable? ¡Todos tus intentos de controlar el amor son lo que constituyen el miedo! Tú intentas controlarlo, lo ajustas, no lo ajustas, lo das, lo tomas y lo intercambias. Pero solamente hay una cosa que nunca harás, perder el control. Si lo hicieras saltarías al cielo. Todos tus esfuerzos por contener a Dios son lo que te impiden ver que Dios es amor. Es así de simple. Me van a criticar por esto, porque en términos generales lo que digo no concuerda con la ética. No parece implicar cosas tales como: "Es preciso que ame y que honre, tengo que cuidar de mis hijos". Realmente esto los involucra a ellos también porque ellos son un producto de tu mente y su salvación depende de que te perdones a ti mismo. Por eso no dejes que ellos sean una mera forma de posesión. Eso no es lo que el amor es si Dios es solamente amor. *Padre, en tus manos encomiendo mi espíritu* (Lucas 23:46), esto es lo que no tienes la menor intención de hacer. Y a menos que lo hagas, no podrás saber que tú eres amor. ¡Tú eres lo que el amor es!

Ahí está el problema, debido a que tu mente está en la acción de asociar formas, requieres como parte de tu ser conceptual una demostración o verificación del amor de Dios. ¡De lo contrario, no estarías aquí! En algún momento tendré que recordarte el mandamiento: *Amarás al Señor tu Dios con todo tu corazón, con toda tu alma y con toda tu mente,* (Mateo 22:37). ¿Qué son esas tres cosas? Corazón, Mente, Espíritu: el acto de reunir el corazón y la mente.

Observa que no excluímos a la mente del proceso. Es razonable que ames a Dios porque Él es todo lo que hay. Por eso puedo depender de Él. El acto de depender de Dios al razonar es lo que constituye el amor. ¡El acto de depender de Dios es lo que el amor es! Ahora inmediatamente, involucro el corazón. "Lo amaré con todo mi corazón" esto significa: "Confío en ti, Dios". En el momento en que confío en Dios por completo, Él se convierte en algo razonable en mi mente. La idea de un Dios totalmente amoroso se convierte en algo completamente razonable. Esto no requiere ninguna definición excepto la certeza de la entrega. Esto es lo que es el espíritu… "con toda mi alma". Con todo lo que soy en esta asociación, amaré a Dios.

Hay algo más, que es exactamente lo mismo:... *"y a tu prójimo como a ti mismo"* (Mateo 22:39). Sería imposible para ti amar a Dios y no amar sus creaciones. Si tanto tú como tu prójimo son creaciones de Dios, ¿cómo sería posible que no amaras a tu prójimo? De hecho, esta declaración de Jesús no involucra ni el corazón, ni el alma, ni el espíritu en absoluto. Él dice "Ama a tu prójimo", que es lo mismo. Él dice, en el momento en que te entregas completamente a tu prójimo, descubres que ¡tu prójimo eres tú! Es decir, que estás amándote o entregándote a ti mismo por completo. Tú crees obviamente que es posible el intercambio, y que entregando una parte tuya perderás el amor de Dios. A lo que te aferras es al miedo. A lo que te aferras, tal como lo define este mundo, no es al amor sino al miedo. Tú dices, "Sí, pero yo lo experimento como amor". Sí, lo sé. ¡Oh! Solo por ese momento de gratificación dentro de tu propia mente, ¿qué experimentas? El amor que está a todo tu alrededor. ¡Ah! Pero luego tu necesidad de definirlo y poseerlo te encadena de nuevo a tu terminación en el espacio/tiempo.

¡Ves! Al definirlo, lo reprimes, por miedo a perderlo en tu propia asociación temporal. En ese sentido, lo que estás diciendo es "amo mi existencia -amo la muerte- amo las cosas que hago". Ahora bien, ¡ahí nos topamos con el conflicto! Esta tierra no es eterna. No se extiende para siempre, por lo tanto no es amor. Cualquier cosa que no sea amor no es Dios; por lo tanto, esta tierra no es ni amorosa ni divina. ¡Si no es ni amorosa ni divina no puede ser nada!

He aquí el conflicto y el mensaje que le das a la asociación. En otras palabras, o esto es todo el amor de Dios o ¿qué es? ¡Nada! Pero si realmente no es nada, entonces todas tus preocupaciones acerca del dolor, la muerte, la soledad y el miedo no tienen absolutamente ningún significado porque no son parte del amor de Dios. Si temes perderlo, ¡no es amor! Esto no quiere decir que no vayas a tener periodos en los que te parece que lo has encontrado y luego crees haberlo perdido. Pero tú no puedes perder el amor de Dios. Eso es imposible. Tu necesidad de defenderlo es la garantía de perderlo, porque si hay algo a lo que le tienes miedo es a la totalidad del amor de Dios. Para ti el amor es un límite. ¿Entiendes esto? Es una forma de restringir algo hasta que la intensidad de la pasión aumenta –lo cual obviamente es ira-

debido a tu incapacidad de definirte dentro de tu propia asociación. Tú le impones limitaciones a tu mente y luego sientes rabia por no poder encontrar el amor. Sin embargo, tú mismo eres el que crea esa limitación en tu mente y no le permite al amor ser lo que es.

Todo esto aparenta ser un acto, ¿verdad? ¿Acaso no dices a veces *te amo*? ¿Por qué no dices *me amo*? "No tengo que decir eso. Eso ya yo lo sé. Dios es lo que soy y yo amo a Dios".

Necesito decir te amo porque, aparentemente, estás fuera de mí. Llamamos a esto perdón. Necesito liberar la definición que tengo de ti en mi asociación conmigo mismo y así con el amparo o poder del amor podré experimentar el amor de Dios junto a ti. Ahora bien, en ese sentido es una utilización en mi mente del amor de Dios. Esto es lo que la sanación es. La utilización del amor de Dios en mi mente, la totalidad del Espíritu Santo, repara la imagen de separación entre mi hermano y yo.

Este pequeño libro -*Todo acerca de Dios*- dice que Dios es Luz, Dios es la mente con la que pienso. Dirá que Dios es amor, pero con la siguiente cualificación: Dios es el amor en el que perdono. El requisito del amor en la tierra es la acción de perdonar. No puedes amar si estás en posesión de asociaciones que te definen a ti y a tu hermano. Porque es una retención de las posesiones del mal en tu mente que valida el poder que tienes de usurpar la mente eterna de Dios y sufrir los resultados conflictivos de definir lo que no es amor, sino odio, asesinato y muerte. Como que la cosa se pone difícil, ¿verdad? ¡Es lo mismo que dijo Jesús de Nazareth! Hermoso y de vital importancia. Tan real.

Quizá necesito decir *te amo*.

¿Será posible decir *te amo* sin tener una definición de la forma, los medios o la correspondencia por la cual amamos utilizando a Dios?

¿Por qué me lo preguntas? ¿Por qué me preguntas si el amor incondicional es posible? Obviamente para ti el amor incondicional es imposible. Estás preguntando cuál es la condición para poder amar a tu prójimo como a ti mismo. Dado que el amor es incondicional, no existe ningún requisito excepto la pérdida del control. Obviamente, perder el control para ti es lo que el miedo es. Pero para Dios -para Jesús, para mí, para tu mente que despierta- lo que estás experimentando aquí -la pérdida de tu concepto de ti mismo- es el amor de Dios! Al no intentar utilizar tus pensamientos para manipular, definirte o asociarte, experimentas amor -o el milagro de tu entrada en el Reino de Dios.

El deshacimiento del amor que posee (el cual es lo que el odio y el miedo son) es el amor de Dios en el preciso momento de su descomposición. Eso debe ser verdad porque el amor lo es todo. Si el amor lo es todo, cada momento que no niego dentro de mi propio ser conceptual todo mi poder creativo en asociación con el amor de Dios, ¿qué pasará? ¡Tendré una experiencia de Amor!

Y esto puede resultar, obviamente, en un *"Te amo"*. ¿Por qué? Porque estás ahora en un proceso viniendo de la separación hacia la integración. La expresión *"Te amo"* es la expresión ¡*Amo a Dios*! Estoy enamorado. Me encuentro en una condición aparentemente fuera de control, en la que como mínimo me dedico a buscar una alternativa a esto. ¡Hermano, así es como comienza! Se comienza con la idea de que esto no es amor. Si Dios es amor, ¿qué es esto? Esto no puede ser amor.

Pienso que vas a terminar como San Pablo encontrando todas las cosas que no son amor. Cada vez que piensas que el amor es algo, estás equivocado. En la primera carta a los corintios -San Pablo, una mente despierta- intenta unificar el amor de Cristo en su resurrección con la iglesia que se está formando, esta iglesia. En esa epístola encontramos una gran cantidad de consejos útiles acerca del amor y otros que están más directamente relacionados con la manera como ustedes se están desarrollando como miembros de la iglesia de Cristo, o como miembros de la totalidad. Es una buena lectura, y la voy a leer hoy. San Pablo se toma su tiempo para explicar que el poder de un cuerpo separado unificándose en un cuerpo singular va a utilizar varias técnicas de la expresión del amor. Se te pide ser tolerante en la certeza de que, como iglesia, todos somos solamente el cuerpo unificado de Cristo. Si esto tiene valor para ti lee la primera carta a los corintios. Ésta dice que algunos de nosotros hablaremos en lenguas; otros demostraremos el amor por medio de la luz; otros seremos capaces de relacionarnos por medio del intelecto.

Presta atención, tal y como estoy aquí presente contigo, no me interesa la forma como expresas la nueva actividad de tu mente en la certeza de su expresión con respecto a su poder creativo. Vas a tener la tendencia, debido a tus asociaciones de separación, a hablar en lenguas, ¡Hazlo! Y ¿qué? Irás más allá. Usa lo que Dios te ha dado -que es todo- para expresar todo lo que eres. ¡El amor no es una definición de la habilidad que tienes para expresarlo! Eso no quiere decir que el poder de tu mente al reorganizar su propia asociación no se convierta en una extensión creativa de Dios. ¿Por qué no habría de serlo, si la retención de lo que llamas la asociación espacio/temporal del momento te ha negado total acceso al amor de Dios? ¿Quién no me entendió? ¿Cristianos? ¡Si lo valoran, denlo! ¡Si lo valoran y lo convierten en una posesión no será amor, será muerte! El acto de dar es compartir el amor de Dios.

Pienso que estoy perdiendo el control, sin embargo, estoy descubriendo una nueva manera de mirarme a mí y de mirar al mundo. Se te garantiza que no vas a perder el control. La guía que te hemos dado ha sido suficiente para que ahora, en el tiempo, estés consciente de estar pasando por un proceso de regreso al amor. Y esto será bien emocionante para ti porque el amor es emocionante. El amor es literalmente la pérdida del miedo que creías necesitar para poder ser cariñoso. Descubrir esto es una sorpresa para muchos de ustedes porque entonces el amor se convierte en ¿qué? ¡En libertad! Se han liberado de la necesidad de perder en sus relaciones de causa y efecto. Por eso muchos de ustedes se ríen. ¿Acaso no es por eso que se ríen?

En cierto sentido, se han liberado momentáneamente de la identificación con el cuerpo. Divirtámonos. Cuando San Pablo organiza esto en la carta a los corintios, lo hace hablando primero de la iglesia, y esto incluye: "Señoras déjense el sombrero puesto". Claro, esto siempre ha sido mal interpretado. Las damas, en particular, tienen que dejarse el sombrero puesto porque lo femenino es la energía potencial contenida, y si las damas se quitan el sombrero, perturbarán la asociación con nuevas definiciones espacio-temporales. Qué cierto es eso. Y aquí tenemos a los sacerdotes diciendo: "¡Señoras déjense puesto el sombrero!" lo cual se reduce a "no traigan su sexualidad femenina a la iglesia pues van a perturbar lo que nos mantiene constreñidos". Le tienes miedo al poder de tu potencial. Lo proteges. "Usen sombrero para que podamos protegerlas y podamos mantenerlas reprimidas."

Y ustedes nos permiten hacer esto porque ustedes son el propio agente protector que requiere esta asociación. Obviamente esto no se puede definir. Así como, obviamente, aquellos que le tienen miedo al amor lo van a definir. ¿Lo ven? Les hablarán y les escribirán cartas acerca de cómo se va a ver para ustedes. "Lo mínimo que puedes hacer es mantener la dignidad. Independientemente de lo que hagas, no lo dejes todo y confíes en Dios. Corres el riesgo de perderlo todo. No vas a poder tener lo que nosotros poseemos ni vas a poder morir con nosotros".

Ustedes se ríen de lo que digo. Pero les aseguro que ayer esto no les resultaba muy gracioso; ayer era un ataque directo a su condición. Para ustedes el amor con condiciones era parte indispensable de la existencia. No se dan cuenta de la magnitud de esto. Nunca, hasta este momento, se han dado cuenta de la magnitud de la amenaza que el amor representa para esta asociación. El amor es totalmente amenazador para una identidad separada. Así como la eternidad, extendiéndose por siempre es la única amenaza que tiene el espacio/tiempo. El espacio/tiempo es tu negación de la eternidad. La eternidad amenaza constantemente tu identidad separada. Y debido a esta amenaza, ésta se elimina a sí misma (lo cual es absurdo si lo miras detenidamente) y lo llama muerte. De ese modo, al perder su propia posesión -que llama amor- es capaz de demostrar que puede morir. Ahora bien, lo que esta identidad llama amor -o posesión- está conectado a la pérdida. No menosprecies la demencia de la condición humana.

¿No es esto acaso lo que Jesús -o cualquier mente despierta- realmente enseña? ¡La pérdida no existe! Todo tu control es una demostración de tener autoridad sobre la muerte. Te debería dar vergüenza. No lograrás morir. ¡Te estoy hablando directamente a ti! Es imposible que lo logres porque no puedes escaparte del amor de Dios. Como ser humano haces todo lo posible para definir al amor en base a tu limitación, para así poder sufrir pérdidas, sacrificarte y poder matar para honrar a ese ilustre señor de la muerte que se te acerca sigilosamente suscitando en ti enfermedad, soledad y muerte. Estás loco. Simplemente estás dormido en un sueño de separación. Este es un lugar absurdo. Estoy enseñando *Un Curso de Milagros*. Me encanta el *Curso de Milagros* porque es el curso que te lleva al cielo y tú eres el milagro. Esto es lo único que dice. Y esto es lo que siempre has negado. ¿Qué cosa? ¡El amor de Dios!

La aparente pérdida de control es solamente una entrada momentánea a una nueva asociación del continuo de espacio/tiempo; una extensión del único propósito por el cual estamos aquí. No puedes venir a Dios sin perder el control por un momento. Sé que vas a estar definiendo en cada momento el nuevo control que ejerces para justificar la necesidad de lograr tenerlo. Ciertamente esto es parte de tu mente íntegra. Todo lo que te estoy diciendo es que no te puedes escapar del amor de Dios.

Y tú me dices, "No me estoy tratando de escapar de él".

Entonces yo te pregunto, "¿Qué haces en este mundo? ¿Por qué estas aquí sufriendo en un cuerpo?"

Y tú contestas, "Bueno, tengo que hacerlo".

¡Y yo te digo no, no tienes que hacerlo!

Ahora te enseñaré la manera de llegar a saber que eres el amor de Dios por medio de tu rechazo a la tolerancia que tienes hacia tu antigua asociación individual de dolor y muerte, la cual ya no está aquí y previamente involucraba toda tu mente histórica. Has sido un mentiroso desde el principio. No hay ni una sola parte de ti que no sea plena y perfecta. Esto lo dice San Pablo, quien, inmediatamente después de explicar lo que es el amor, declara que solo hay un Dios. No te puedes escapar del principio fundamental de la Mente Universal.

Entonces, te encuentras en una condición, en un cuerpo; individualmente, experimentando el amor de Dios y con la necesidad de restringirlo como una expresión tuya para luego morir. ¡Asombroso! ¿Qué es lo que necesitas? ¡Un milagro! Necesitas el milagro del amor que se encuentra a todo tu alrededor si no estás pre determinado a existir en esa continua alucinación de separación. ¿Lo entiendes? Jesús en el *Curso* enseña que tú tienes solo un problema: tu aparente separación del amor de Dios -¡de la Vida!

Estar separado del amor es lo que es el miedo. Deja de buscar en tu mente una definición para el amor, mientras Dios es la totalidad de tu creación. Muchos de ustedes están descubriendo con asombro que Dios existe. Este pequeño folleto *Todo Acerca de Dios y cómo encontrarlo* lo expresa de manera razonable, dice que Dios es la fortaleza en la que confío, Dios me da la visión, no hay nada que temer. También dice que Dios es el amor en el que perdono. Pero Dios no sabe nada acerca de eso. Dios solamente ama. Y va a decir que el amparo del amor de Dios te va a permitir usar el poder de Su mente para liberarte de la necesidad de condenar a tu hermano y querer defenderte de él. ¿Lo ves? Dios no perdona.

Tú dices, "Dios me va a perdonar". ¡Dios no perdona, Dios ama! Tú dices, "El perdona". ¡No, Él ama!

Dios no sabe nada acerca del perdón. Él solo ama. *Él nunca ha condenado. Y primero tiene que haber condenación para que el perdón sea necesario... El perdón es la mayor necesidad de este mundo, y esto se debe a que es un mundo de ilusiones. Aquellos que perdonan se liberan a sí mismos de las ilusiones, mientras que los que se niegan a hacerlo se atan a ellas. De la misma manera en que solo te condenas a ti mismo, de igual modo, solo te perdonas a ti mismo.* —Del folleto, *Todo acerca de Dios y cómo encontrarlo* — *(Lección 46 del Libro de Ejercicios).*

"Bueno, yo lo perdonaré si él me perdona a mí primero". Hermano, tiene que empezar contigo, porque él es una proyección de tu mente la cual no quiere perdonar.

Pedirle a él que te perdone es lo mismo que pedirle al miedo que ame. Y lo repito: pedirle que te perdone es lo mismo que pedirle al miedo -que es un producto de tu propia mente- que ame. No puedes cambiar los efectos de tu propia mente. Él no puede amar porque tú no amas, *"...y a tu prójimo como a ti mismo"*. Por eso es que dice *"...y a tu prójimo como a ti mismo"*. Te perdonas solamente a ti mismo.

Escucha esto: *Si bien Dios no perdona, Su Amor es, no obstante, la base del perdón,* porque ¡Su Amor lo es todo! *El miedo condena y el amor perdona. El perdón, pues, deshace lo que el miedo ha producido, y lleva de nuevo a la mente a la consciencia de Dios. Por esta razón, al perdón puede llamársele verdaderamente salvación.* Si mantienes el dolor y el miedo en tu mente no entrarás en el Reino de los Cielos. Esto no se puede cuestionar. Es un hecho. La solución a estar separado de Dios se encuentra solamente en tu mente. ¡Vaya! *Es el medio a través del cual desaparecen las ilusiones.* Este es el ejercicio: *Dios es el Amor en el que me perdono a mí mismo.*

Entonces llegamos a Dios es Amor. Y también Dios es Todopoderoso. Así también llegamos a concluir que el Amor es Poder. Y se te ha dado todo poder en el cielo y en la tierra. Lo que estás experimentando es el nuevo poder de Dios, que es el amor mismo. Por favor no trates de definir el poder y el amor separadamente. Si lo haces, te vas a circunscribir al poder limitado de tu capacidad de expresar dolor y muerte -lo que llamarías un recurso- el cual sirve para expresar la totalidad del uso limitado del poder de tu mente. ¿Por qué es esto así? Porque le tienes miedo al poder. La única razón por la que estás aquí es porque le tienes miedo a Dios. No solo le tienes miedo a Dios, sino que lo primero que dices que hay que hacer es: temer a Dios. Y eso es cierto porque, de hecho, le temes. La aceptación de este temor te permite examinar las razones para ello. Hasta que eso no ocurra, no hay esperanza para la condición en la que te encuentras. No hay duda de que le tienes miedo al amor, que es lo que Dios es.

Tú no puedes perder el amor, ¿podrías? Todas las posesiones terrenales o las relaciones especiales son formas de mantener la enfermedad y la muerte, no el amor. Eres capaz de dos emociones: una es amor y la otra es miedo. Esta tierra es el miedo. El Cielo es el amor. No se pueden comparar. El miedo es la negación del amor. Lo haces tan difícil siendo tan simple.

"No sé qué hacer" ¡No hagas nada! Esto es un deshacer. "No puedo entenderlo." ¡Bien! No voy a tratar de entenderlo y voy a usar a esta persona para experimentar el amor que él extiende de mí mismo hacia mí. Y aunque anteriormente lo definí dentro de nuestra limitación y lo amé por estar separado pero en asociación conmigo -para poder definirme de la manera egocéntrica que uso para definirlo a él- ahora lo voy a amar liberando mi necesidad de identificarlo como el único Hijo vivo de Dios. ¿Por qué? Porque él es el único Hijo vivo de Dios. Y ciertamente lo es, no porque tú lo hayas identificado así.

"Bueno," me dices, "¿será que yo también soy el único Hijo vivo de Dios? No, solamente él. Tu dijiste "también".

Él es el único Hijo vivo de Dios. Esto es lo que llamamos "perdonar a tu hermano". No es una definición que yo hago, es la certeza de lo que él es. Yo estoy seguro de quién es porque donde antes era una proyección de mi mente, mi nueva mente iluminada -la cual está completamente disponible para mí- usa esta fibra del Espíritu Santo llamada Asociación de la Energía Unificadora del Amor. Ésta siempre está a mi disposición y yo estoy harto y aburrido de las limitaciones y las restricciones que le adhiero a este poder de la Voluntad de Dios cuando ejerzo mi voluntad dentro de las limitaciones de mi aparente identidad temporal. No lo haré más. ¿Están listos para oír esto? Yo no lo hago. Estoy enseñándoles a no hacerlo. Los milagros están alrededor de ustedes. Dejen de definirse como cuerpos utilizando la vacuidad de una memoria arcaica. Se trata del completo deshacimiento de la nada que es tu auto-concepto.

Esto es lo que les estoy diciendo: ¡Díganle NO al intercambio! No proclamen la necesidad del intercambio en el amor -eso es lo mismo que ojo por ojo- ¡Vamos! Si lo hacen no será amor. Será miedo porque la necesidad de estar en intercambio en el amor es precisamente miedo. ¿Me entienden? Tu necesidad de estar en intercambio es lo que produce miedo. ¿Cómo no iba a serlo? La reciprocidad, la idea de juzgar, todo lo que haces es una forma de miedo.

Ustedes me dicen: "Bueno, sí, lo sé, pero ¿cómo puede alguien saber cuánto amo a Dios?" No podrán saberlo.

Veamos por un momento lo que dice San Pablo. Estoy en realidad exponiendo lo que dice la primera carta a los corintios. "¿Cómo alguien podrá saberlo?". ¡No lo pueden saber! Ellos son la negación del amor que tú estás sintiendo. La necesidad que tienes de que ellos lo sepan te niega todo el acceso a Dios. ¡Desde luego! Esto es lo que va a decir. Esto es lo que no es amor. A todos les encanta este pasaje: "El amor no se hace el importante... no es esto, no es lo otro... no se trata de cosas o expresiones humanas..." En este sentido es la demostración del amor de Dios, no del tuyo. Tu propia definición no es verdadera. El amor no es un intercambio. El amor no es una idea para aferrarse a la escasez.

En la Biblia, versión del Rey Jaime, se usa la palabra *caridad*, ¿es así? La traducción de la Biblia que ustedes usan posiblemente diga *el mayor de estos es el Amor*. En ésta dice: *el mayor de estos es la Caridad*. A lo más que la condición humana se puede acercar con respecto a la idea de dar del amor de Dios es a la "caridad". Literalmente es dar a aquellos que tienen menos que tú. ¿Lo ves? Así pues la definición del amor es dar, lo cual es caridad, es decir, amar a tu prójimo como a ti mismo es dar a tu prójimo. ¿Lo entiendes? Recuerda que la caridad es un acto. Si le das al pobre, el *acto* de dar es lo que el amor es, no el intercambio o el acto de reciprocar. En el acto de dar entras en la esencia de la extensión de Dios, que es la Mente de Dios dando. Su completa entrega a ti es lo que Él es y lo que tú eres.

La manera como puedes saber que Dios da es dando tú mismo. Eso es lo que es el amor. El amor *es eso*. Y puede parecer ser muchas otras cosas en la asociación que haces al respecto. Puedo usar mi mente, puedo usar mi corazón, puedo usar mi espíritu, pero el amor solo da. Qué miedo te da esto. Cuánto miedo te produce la pérdida, realmente el perder, en tu propia mente, las asociaciones que han tomado posesión de ti y que has temido perder. El mero acto de quedarte sin ellas, te produce miedo. ¿Por qué? El amor está entrando en tu asociación. Pero no parece ser amor cuando entra, parece ser miedo, porque todo lo que haces es exactamente lo opuesto a lo que es. Tu amor es miedo y a lo que le tienes miedo es al amor.

San Pablo dirá que independientemente de lo que yo haga, la mayor de éstas será únicamente Caridad o Amor, cualquier otra cosa no es nada si no se hace con amor. Cualquier intento de definir el acto de amar será una reducción del mismo. Ésta es la condición que sufre el mundo. Si me parara ante una congregación y demostrara la capacidad de predicar, o la capacidad de sanar y ustedes saltaran en el espíritu y tuvieran serpientes en las manos e hicieran todas esas cosas que hacen, sería aceptable, porque esas cosas se pueden considerar demostraciones de lo que hemos dicho anteriormente, se trata de los miembros de una iglesia uniéndose en la comprensión del final de este continuo. Pero escuchen: ¡sin amor, no serán nada! ¿Me entienden? Ahora, ustedes podrán mover toda clase de montañas, pero ¿qué diablos podría significar eso? El único significado que esto tiene es la confirmación de la separación temporal. Están usando el poder del amor para hacer eso.

Si hablara en lenguas humanas y angelicales y no tengo caridad, me convierto en bronce que resuena o en címbalo que retiñe. (1 Corintios 13:1). Esto quiere decir: si reduces la forma en la que expresas tu pasión, el verdadero oro de la felicidad y la dicha que es Dios se convertirá en el bronce de la estrechez de la temible idolatría de la pasión de tu propia expresión. Todas las definiciones que tienes de ti son limitaciones de la pasión de tu habilidad creativa, en esto no hay excepciones. Y siempre las reduces a címbalos que retiñen. Los escuchas como un cristal que se quiebra con todo lo demás que ocurre al quebrarse. ¿Por qué? Por haber restringido la realidad de tu mente creativa.

Me convertiría en bronce que resuena y en címbalo que retiñe. Si tuviera el don de la profecía y entendiera todos los misterios y todo conocimiento, y si tuviera tanta fe, como para trasladar los montes, pero me faltara amor/caridad, nada soy (1 Corintios 13:1-2). ¡Escúchame! No es que soy algo que no tiene amor; es que *no soy nada*. Si no tengo el amor de Dios, dice, no soy nada. No te preocupes en cómo demostrarlo. Mover montañas no es nada. ¿Qué tiene eso que ver con el poder real de Dios? ¿Para qué iba Dios a mover montañas? ¿A dónde las iba a mover? Es simplemente absurdo. Te limitas tanto con tus definiciones de lo que eres. ¡Vaya! Mira esto:

Y si reparto todo lo que poseo a los pobres y entrego hasta mi propio cuerpo para ser quemado –sacrificio- y no tengo amor/caridad, de nada me sirve (1 Corintios 13:3). No hay ganancia alguna en el intercambio. La ganancia es la entrega total de la naturaleza de Dios. Déjame ver si te puedo explicar esto. Si existe una ganancia en el amor, ésta puede ser acumulada en reservas de instantes santos, pero no por medio de la verificación de la utilización del amor para mover montañas, lo cual Jesús llama "magia", ¿verdad? Él dice no uses el poder de tu mente para mover montañas. Estás tan encerrado en tu pequeñez de la nada que meramente vas a continuar dando vueltas en tus asociaciones conceptuales. Tú no quieres hacer eso.

La Caridad es sufrida y es benigna, (1 Corintios 13:4). No se preocupa en absoluto por su relación consigo misma. ¿He estado en un largo sufrimiento? ¡Claro que sí!

"Pero tú me dijiste que no sufrías".

¡Yo no te dije eso! ¿Cómo sabría que soy real y que estoy aquí si no sufriera? Yo he incluido mi sufrimiento en lo que soy. Si incluyo mi sufrimiento en lo que soy, no me sería posible sufrir. Porque yo soy ¿qué? ¡Amor! Quieres decir que ¿amar es sufrir? ¡Seguro! ¿Cuál es el problema con el amor ser sufrimiento si el amor lo es todo? ¿Quieres definir el amor como la limitación del sufrimiento? ¡Hazlo! ¿Quieres perderlo? ¡Hazlo! ¿Pero para qué -excepto en el infierno- desearías utilizar el poder de tu propia mente para sufrir?

"Bueno tú me dijiste que el sufrimiento no es amor."

No fue eso lo que dije. Te dije que *tú eres Amor*. Si sufres serás ¡el Amor sufriendo¡ No hay Dios sin ti, eso es lo que dije. Obviamente Dios, tu Creador ¡no sufre! Pero es claro que tú sí. Aquí hay algo fundamentalmente incorrecto.

Tú dices, "Voy a tener que incluir mi sufrimiento".

A ver, déjame ver cómo haces eso. En el momento en que incluyes el sufrimiento, éste desaparece. ¿Qué haces en lugar de eso? ¡Haces sufrir a tu hermano! Al hacer sufrir a tu hermano te escapas de tu propio sufrimiento.

¿Quién ve esto? Di: ¡Te Amo! Todos: ¡Te Amo! ¡Quizá decir eso sea mejor que decir Amén!

¿Sabes por qué no existe tal cosa como un terrícola en existencia temporal que experimente continuamente su propia realidad creativa (su unión con Dios)? ¿Quieres que te diga? Porque cuando el terrícola tiene esa experiencia deja de estar en la tierra, ¡Vamos tontos! ¡Esa es la experiencia del amor de Dios! Si experimentas el amor de Dios ¡ya no estás en la tierra! Deja de buscar el amor donde no está. ¡No está aquí!

"¿Cómo explico esta experiencia?".

No puedes explicarla. Según te alejas de la tierra tal vez quieras derramar un poco de amor a tu alrededor. No estoy orando por la tierra; estoy orando por ti -tú eres el que me está oyendo. Yo no oro por la liberación de lo que aparenta ser enfermedad, dolor o muerte en este mundo. Este mundo no se puede reparar porque no es real. Eso no tiene nada que ver conmigo. Yo rezo por ti según te levantas de tu propio miedo a tu propio amor. Tu mente está dividida pero se está unificando rápidamente. Estabas atrapado entre el amor y el miedo. No puedes ser todo el miedo. Eso es imposible. Pero puedes ser todo amor porque eso es lo que todo es. No vas a poder estar completamente atemorizado, lo cual es la muerte, porque no puedes morir. Has escuchado la llamada —yo soy precisamente tu continuo recordatorio. Es hora de regresar a casa.

La caridad es sufrida, es benigna, la caridad no tiene envidia, el amor/la caridad no es jactanciosa no se envanece (1 Corintios 13:4). Lo que quiere decir *no es jactanciosa* es: "No se mantiene limitada por la identificación de sus credenciales", jactarse en el sentido de asegurar llevar todos los títulos junto al nombre. Jactancioso en la idea del conocimiento que has logrado dentro de los límites del pequeño reino que gobiernas que se convierte en polvo, y luego todas tus credenciales no significan nada y por eso no quieres escuchar el mensaje. Te jactas tanto de la mecánica que le impones al amor que te atas a esa correspondencia en tu mente. A una mente despertando tanta ostentación la hace reír. El tipo se restringirá y se jactará proveyendo todo tipo de definiciones fatuas -es un pedante- lo cual constituye lo que es un ser humano. Te dará todas las definiciones que tiene acerca de él las cuales no tienen absolutamente ningún significado. Sé que ustedes lo llamarán amor y que dirán que tienen que aferrarse a esto para poder amar. Mientras se aferren a esto estarán negando y atacando a Dios. En esto no hay medias tintas.

Sé que a ti no te gustan estas frases, pero así es la cosa. Planear el futuro es atacar a Dios.

Tú me dices, "¡Oh no, eso no es lo que quieres decir!"

¡Sí! es exactamente lo que digo.

Y me dices "Bueno, ¿pero cómo hago para no planear el futuro?"

Simplemente no hagas planes. No mantengas en tu mente pensamientos del pasado ya desvanecidos. Obviamente, esto va a requerir una cierta acción de tu parte. Lo que quiero demostrarte es que esto comienza con la inflexible afirmación de que Dios es amor y que esto no lo es. No encuentras alivio hasta que esto ocurre. Si me permites ofrecerte el reino sin matarme inmediatamente, tal y como lo haces con tus viejas proyecciones, comenzarás a experimentar el amor de Dios.

Muchos de ustedes no entienden lo que ha ocurrido aquí. Este continuo se descuidó y permitió que una asociación de amor germinara. Ahora se va a correr la voz en un instante y todos se amotinarán para matarte. Estoy corroborando lo que vivió Jesús aquí. Es obvio que reaccionen así ya que les estás ofreciendo amor incondicional. La mayor y la única amenaza que el mundo puede tener es la pasión de tu amor hacia Dios sin ejercer control alguno. Esto no tiene nada que ver con el mundo. ¿Por qué? Porque el amor de Dios no tiene nada que ver con tus antiguas asociaciones. ¿No sabes que debes nacer de nuevo? (Juan 3:3). Si te sales de esta tierra, darás un salto al cielo y la tierra no significará nada para ti. ¿Estás seguro de que me entiendes?

La caridad nunca se alegra de algo injusto, y siempre le agrada la verdad (I Corintios 13:6). El amor no se regocija cuando alguien comete un error. Una de las cosas más difíciles es no decir, "Te lo dije". Una de las cosas más difíciles de hacer es no sentir que el violador necesita ser castigado. ¿Por qué? Porque merece ser castigado.

Entonces ustedes dicen: "Sí, ¿pero qué hacemos con él?".

¿Qué me importa lo que hacen con él?

"¿Acaso no merece ser castigado?".

Sí, pero tú también lo mereces. Si él merece ser castigado, tú también mereces serlo. ¿Qué vas a hacer? ¿Medir hasta qué punto no es amor? ¿No es acaso el medir lo que no es amor? ¿No es acaso tu determinación a pecar y a creer que el pecado tenga niveles lo que te restringe y hace que niegues a Dios?

Si te dijera que no vas a sentir la necesidad de justicia en la asociación estaría mintiendo. Tienes que sentirla. Si no la experimentases, no serías humano. La liberación o el perdón es el acto motivado por la certeza de que tú como consciencia iluminada, no eres de este mundo. Si lo miras de esta manera, verás que no hay nada más cruel y con más deseos de asesinar y de matar que una hembra que protege a su cría. Solo quiero que veas eso. No voy a dar una charla al respecto, pero el acto de poseer es atroz.

El AMOR: La suma y la substancia de la realidad eterna

Aquí viene Jesús, aquí vengo yo, y yo digo y Él dice, a mí no me concierne el violador, porque él solo puede ser un pensamiento en tu mente. Ahora vas a condenarme, que es lo mismo que matarme. Me tienes que matar juzgándome. De lo contrario tendrías que aceptar ser el pensamiento de violación, y que todo pecado es una construcción de la identidad que te has adjudicado. Es lo que vemos en el sermón de la montaña.

No puedo ofrecerte la solución porque al tú ubicarla dentro de la separación me vas a preguntar por qué estoy hablando de violadores. No estoy hablando de violadores. Estoy hablando de tu mente, de las ideas falsas que tienes acerca de ti mismo. Estoy hablando de cualquiera, de cualquier cosa de la que quieras hablar. Estoy hablando del cáncer, de los ataques al corazón, de la soledad y del dolor. Estoy hablando de la muerte, estoy hablando de la pérdida.

Estoy aquí contigo ahora, compartiendo un instante en el tiempo, diciéndote que este lugar no es real. Esto es lo que esto va a expresar. Y va a decir que no hay tal cosa como estar separado de Dios. Y esto es lo que tú no querías oír. No hay tal cosa como una separación de la Mente Universal. Sé que ésta es la única cosa que no quieres oír, porque tú eres la única cosa que no lo ha oído, pero es imposible que no sepas esto, porque te lo estoy diciendo.

Tú fuiste el que me dijo que Dios era Amor. Yo estuve de acuerdo. Tú fuiste el que me dijo que la vida eterna existía. Yo estuve de acuerdo. Tú fuiste el que me dijo, "Me siento feliz y libre y en éxtasis en el Amor de Dios". ¡Lo único que hago es estar de acuerdo contigo!

En el único punto en el que estaré en desacuerdo contigo es en la idea de "lugar". Tú crees que la limitación en la que te mantienes a ti mismo es una definición de la realidad.

Recuerda que esto es lo que el amor es: *todo lo soporta...* (1 Corintios 13:7). En el momento en que lo dejes entrar dentro de ti, se convertirá en luz y te habrás ido. ¡Por amor a Dios!

Solamente te puedes crucificar a ti mismo. Deja de examinarlo. Tú soportas felizmente todas las cosas, ¿por qué no lo harías? ¡Porque eres todas las cosas! ¿Qué diferencia hay entre soportar y descubrir? Son completamente diferentes. ¿Qué hago lo soporto o lo descubro? Si mi carga es luz, me descubro. Entonces me voy a descubrir porque la idea de que mis pecados fueran mi carga realmente no es nada y mi carga va a ser luz. En esto hay una inclusión que por lo general no se acepta.

Lo soporta todo, lo cree todo... (1 Corintios 13:7). Vas a ser lo que eres en tu propia asociación. ¿Qué tiene esto que ver con el amor? El amor cree todas las cosas porque es inmune al juicio y no puede dudar de Dios. Dios es una creencia o una fe en Su totalidad. No tiene nada que ver con el intercambio de lo que crees que soy. Lo que crees que soy no tiene nada que ver con lo que soy o con lo que tú eres. Ahora soy libre para estar con Dios. ¿Para qué querría yo buscar una manera de defenderme de tus acusaciones? El defenderme de tus acusaciones –tú, humano- y hablo de mí como salvador, no sería sino admitir la posibilidad de que me pudieras atacar. Y eso no es verdad. Como también es obvio que me vas a atacar y vas a insistir en que te defina dentro de tu relación de lo que no es amor. Estoy tratando de darte una definición sobre el amor. Pero obviamente, ésta no te parece aceptable. Claro que no la vas a aceptar. Amar es soltar el yo que te posee. ¡Esto es tan intransigente! La salvación es sencillamente no transigir.

Todo lo cree, todo lo espera (todo es posible), *todo lo soporta. El Amor / la caridad nunca falla* (1 Corintios 13:7-8). ¿Por qué? Porque no conoce el fracaso. Dios, quien es amor, no sabe lo que es el fracaso, a no ser que pudiera defraudarse a sí mismo. Y dado que Dios no puede defraudarse a sí mismo, el amor no puede fallar. Escucha atentamente. Cualquier otra cosa que hagas respecto al amor te defraudará porque todo lo que haces aquí define el fracaso, no el amor, y esto es debido a que todas las definiciones de la acción de ir de la falsedad a la verdad no son lo que el amor es.

El AMOR: La suma y la substancia de la realidad eterna

Ahora me dirás, "¿Todo esto va a desaparecer? ¿También las profecías?

Sí, claro. ¿Y entonces qué? Dios es amor. Dios no es esto.

La caridad nunca falla: pero donde hay profecías, fallarán. (1 Corintios 13:8) ¿Por qué fallan las profecías? Porque la profecía es la idea de la posibilidad. Cualquier predicción contiene la idea de fracaso. De alguna manera la profecía tiene que fallar, porque la profecía de la totalidad o el amor ya se ha culminado. Al recordar la profecía de ser íntegro tal como Dios te creó, fallas aquí por completo y pierdes la capacidad de fracasar. Esa es la razón por la que el amor nunca falla. Los profetas, tienen que fallar. Los profetas van a fracasar. Juan el Bautista fracasa. Herodes le corta la cabeza. Él proclamó la venida de Cristo. Cristo vino y resucitó. ¿Y tú qué estás haciendo aquí? Mataste tu profeta. Ni siquiera dejaste que tu profeta viniera. Incluso con Juan: Jesús le dijo a sus seguidores que le dijeran a Juan quien estaba en la cárcel "Yo vine". Irás a la cárcel por mí. Tú vas a decir: "Él está por llegar", harás todas esas cosas en tu profecía.

Te digo que ya es hora de dejar que tus profecías fracasen, que no tengan éxito, porque si se logran te condenarás a la idea continua de poder realizarlas. ¿Te parece descabellado? Obviamente Dios no es una profecía. Él es una realidad. Puede que des la impresión de estar fracasando.

Muchos de ustedes han venido a verme y me han dicho: "He hecho todo lo que puedo hacer y no puedo hacerlos entender. Me parece que estoy fallando". Yo les digo: "¡No! ¡Está funcionando!".

Ayer vi a George Burns en la película "Oh Dios". Si no han visto "¡Oh Dios!", véanla. ¿Quiénes la han visto? La han olvidado. Véanla de nuevo. La película expresa muy bien la necesidad de la fe, y tiene cosas hermosas. Dios aparece y le dice a un empleado de un supermercado que el que le habla es Dios y le da el mensaje de que se deben amar los unos a los otros. El empleado trata de convencer a alguien de que habló con Dios, y esto claro es imposible. Al final el empleado dice: "Dios, nadie escucha esto". Y Dios le contesta: "No, funcionó bien. Funcionó perfectamente. Tú no puedes fracasar". Ahora bien, el no poder fracasar es lo único que te puede hacer realmente feliz. No vas a necesitar una justificación para la acción de tu mente. No es que lo lograste; es que fracasas. Al fracasar te das cuenta que no es necesario lograr nada porque tus éxitos aparentes ya no te poseen. Si estás obsesionado con tener éxito, continuarás teniendo éxito en negar y atacar a Dios. ¡Ajá! Todo es siempre lo opuesto.

Protege todo lo que valoras dándolo y vas a ser completamente exitoso. No puedes fracasar si lo das todo. Cómo podrías, si no tienes nada que pueda fallar. ¡Dalo todo y serás libre! Al fin y al cabo lo único que has estado haciendo es atacarte a ti mismo. Si me defiendo he sido atacado (Lección 135). Esto no lo puedes saber hasta que te entregues por completo. Cuando te das te conviertes en el Hijo de Dios, porque Dios solo da. Cuando entregas tu ser creas tal como tu Creador lo hace. ¡Es tan hermoso!

...no se hablará más en lenguas... (1 Corintios 13:8). Finalmente, proclamar a Dios no es algo realmente verdadero. Vamos, ser el salvador del mundo no es realmente verdadero. ¿Cómo pudiera serlo? Es solamente verdad porque tú crees que necesitas salvarte. Crees que es gran cosa ser el salvador del mundo. En realidad no es gran cosa.

"¿Cómo te atreves a decir que eres el salvador del mundo? ¿Que eres parte de la mente de Dios? ¿Que tú eres la respuesta?".

En la película, "Oh Dios" los seres humanos hacen esto. Le hacen todo tipo de preguntas teológicas a Dios y Él las contesta perfectamente, y ellos, claro, siguen negándolo. Dios lleva a cabo toda clase de milagros y ellos todavía lo niegan. No importa absolutamente nada lo que Dios diga o haga. Lo niegan porque las posesiones de la mente humana son lo que constituyen la negación. Recuerden esto, muchachos, estoy representando la mente íntegra y ustedes están emergiendo como tal. Les digo que este lugar no existe. Este momento es uno de transición en su propia mente del tiempo a la eternidad. Este es un momento que debe ocurrir y que ya ocurrió. Dejen que ocurra. Sé que estoy enseñando la rendición. No sé hacer otra cosa.

¿Creen que yo logré esto por medio del éxito? ¿En qué diablos podría tener éxito sino en morir? En lo único en que pudiera tener éxito sería en morir, ¿no es así? ¡Perdí! ¡Gracias a Dios! ¡Gracias Padre, por mostrarme que en mi fracaso estaba mi felicidad! A eso se le llama *Un Curso de Milagros*. Al principio del Curso dice -y sé que no te va a gustar oír esto, pero dice que- estás compitiendo con la Mente Universal. Lo dice. Andas por ahí resentido porque Él no reconoce la contienda. Y así inventas otras asociaciones en tu mente que sí reconocen dicho conflicto. Dios no sabe nada acerca de eso. Tú puedes vivir en ese pequeño enclaustro, en lucha contigo mismo si así lo decides. ¡Pero las nuevas mentes que representan el Centro de Sanaciones Milagrosas, nunca reconocerán tu conflicto ridículo con Dios ni tampoco tu separación de Él!

De haber conocimiento perceptual, se desvanecerá (1 Corintios 13:8). Ésta asociación se encuentra más allá del conocimiento. No requiere asociación alguna. Interesante, ¿no? ¿Te hace feliz oír esto? ¿Te sientes capaz de amar? ¿Qué vas a hacer al respecto? Éste es tu despertar. No lo puedes controlar. Pero si permites un poco de razonamiento en tu corazón conjuntamente con el amor de Dios, esto te transportará momentáneamente hacia el propósito del espíritu, y se te revelará la razón por la cual te encuentras aquí. Percatarse de este razonamiento conlleva verdadera pasión. La frase "cuando dos o más se reúnen" es tan razonable para mí, ¡me encanta! Me encanta lo razonable que es el que ustedes hayan venido y hagan esto. ¡Aquí están! ¿Acaban de llegar? ¿Llegaron después de haber cerrado las puertas? ¿Me entienden? Estas puertas están cerradas. Nadie entra aquí.

Éste es el círculo de expiación. Ustedes han sido invitados a lo total, ustedes, los que acaban de llegar, han sido invitados a la experiencia del amor de Dios. Esto es lo que es la iglesia, el lugar donde se reúnen en esa dedicación. Ustedes se han reunido como parte de la Mente de Cristo, o del Cuerpo de Cristo. Pero sus cuerpos tampoco están separados realmente, son solo proyecciones de sus propias mentes. En la medida en que perfeccionan su cuerpo en su asociación con Cristo, el cuerpo de sus afiliados se iluminará. Pueden empezar a darse cuenta lo emocionante que resulta para mí el que por fin me oigan. Esta simple declaración es tan antigua como la mente del hombre.

Pues conocemos en parte -porque el conocimiento es una parte- *y profetizamos en parte...* (1 Corintios 13:9), porque la profecía es la necesidad de la idea de una referencia futura. La cual no es cierta porque no hay tal cosa como una referencia futura. Si el pasado se fue, el futuro no existe. No puedes profetizar nada excepto un momento en el que regresas a Dios. ¡Y el Cristo ya llegó! ¡Sí! O si no ¿por qué están tan emocionados? Y no solo eso, ¡es imposible tener la idea de la llegada de Cristo, sin que Él hubiera llegado ya! Esto es todo el *Curso de Milagros* y es toda la enseñanza de la resurrección individual. ¿Entonces Él vino y este mundo ya terminó? ¡Y en esto radica tu liberación! Te has librado de un mundo que ya terminó. ¡Si el mundo ya se acabó, tienes que ser libre porque no estás aquí!

Pero cuando llegue lo perfecto, lo en parte desaparecerá. El todo no es la suma de las partes. *Cuando yo era un niño, hablaba como niño, pensaba y razonaba como niño: Pero cuando ya fui hombre* -la comprensión de mi mente maduró- *dejé atrás las cosas de niño* (1 Corintios 13:10-11). Esto es lo que dice el capítulo 18 de *Un Curso de Milagros*. No necesito definirme como hombre, como hombre hecho por el hombre. Puedo ser íntegro como un hombre hecho por Dios, o un hombre de Dios.

Ahora vemos por espejo, obscuramente; pero entonces veremos cara a cara (1 Corintios 13:12). Cara a cara ¿con qué? Con tu propio Ser Crístico. ¿Qué contemplarás por un momento? Tu propia perfección ¿por qué? Porque tú eras tu propia partícula de obscuridad. Ahora te has convertido en tu propia onda de amor. Cuando te miras por primera vez en el espejo de Luz y Vida –ese es el mundo real- cuando te miras por primera vez en este espejo, es muy aterrador. Debes y ya estás permitiendo, que todos esos pensamientos de miedo, que en realidad son parte de tu mente, se reasocien bajo la nueva luz. Por un instante ves esa hermosa faz, para luego verla convertirse en algo atroz en tu mente. Ésta es la práctica de *Un Curso de Milagros*, porque, realmente, estás mirando a través de un espejo obscuro. El cual tiene manchas de formas; viejas memorias que conservas en tu mente proyectadas por ti. Al perfeccionar tu holograma, un extraño entra en él, lo ataca y lo destruye. Te olvidaste que él es parte de tu propia mente. Te defendiste dentro de tu propio espejo obscuro. No hagas eso.

Deja que tu espejo sea un reflejo radiante del Hijo de Dios el cual es el Ser Crístico de tu cuerpo en plena reasociación ante la certeza de su regreso del tiempo a la eternidad.

Ahora vemos por espejo, obscuramente; pero entonces veremos cara a cara. Ahora conozco en parte, pero entonces conoceré plenamente tal como he sido conocido (1 Corintios 13:12). Me conozco tal como soy conocido, porque conocer y ser conocido son la misma cosa. Soy un solo Ser. Ésta es toda la enseñanza de la iluminación a la realidad; de la separación a una mente plena y unificada. Soy un solo Ser. Solamente existe un solo Ser. Yo sé porque Dios sabe. No intentaré juzgar o definir. Aceptaré esto como parte de la certeza de mi fe en Dios. ¿Qué es lo que se te pide? Que recuerdes que eres perfecto tal como Dios te creó. ¡Qué instrucción más hermosa, si eres la causa del problema! ¿Qué mejor instrucción te puedo dar que la que Jesús el Nazareno te da cuando te dice que eres la causa del problema? ¡Cuán sencilla es la solución si es verdad que tú eres la causa! Y ¡cuán imposible sería la solución si Dios fuera la causa, o si pudiera ser consciente de estar separado de Sí mismo! Ha llegado la hora de poner a un lado los juguetes de la muerte.

Y ahora permanecen la fe, la esperanza –expectativa- *y el amor/la caridad, estas tres, pero la mayor de todas es la caridad* (1 Corintios 13:13). Así que el amor te ilusiona. Tienes fe en el amor, porque Dios es amor, y el poder de la mente de Dios es amor. Tu fe en el poder de la mente de Dios no puede fallar. La solución es muy simple. Cada vez que confías en ti mismo fracasas. Confiar en ti mismo es lo que constituye el fracaso. Confiar en ti mismo es la garantía del fracaso, porque tu realidad está basada en la necesidad de fracasar.

Hemos estado mirando la primera carta a los corintios. Ciertamente uno de los mensajes más importantes y lúcidos de la mente humana. La idea de ustedes reunirse como parte del cuerpo de Cristo es perfecta. No sé ni me interesa saber hasta qué punto a menudo ésta se reduce a una historia en la que como seres humanos nos reunimos para compartir a Dios y participar de su Reino. Les digo que ustedes representan la unión de toda la humanidad. La separación es una. Todos estos son solamente reflejos de tu propia separación. Debes aceptar la expiación en ti, porque la separación es lo que eres, y el Reino de Dios es lo que eres. Gracias por venir hoy a la clase del domingo.

¡Cuán resplandeciente está la capilla hoy! Es que están ocurriendo transformaciones aquí. ¿Quieren ver lo simple y a la vez difícil que es esto? He hablado del amor. Levanten la mano y díganme lo que acabo de decirles. ¿A dónde los he conducido? A una experiencia del amor de Dios que está a todo su alrededor. Sin esto, sin el *Curso de Milagros,* eso sería imposible. Permanecerían allí sentados y continuarían defendiéndose.

Todo lo que este mundo es, siempre y en cada momento, es la negación de la *Experiencia* del amor de Dios. Todo lo que este mundo es, siempre y en todo momento, es la negación de tu *Perfección* como creación de Dios. ¿Me entiendes? Ha ocurrido un descubrimiento trascendental. Ahora estás determinado y son la determinación y el empeño los que te dan una razón real, un propósito real para estar aquí. ¿Qué otra razón tendrías para estar aquí si no fuera el descubrir quién eres? El admitir no saber quien eras, fue la manera más rápida para llegar allí. Porque no sabías quién eras. Sufrías de la gran amnesia de la separación. Y ahora, ¡al fin estás despertando!

El estar riéndote en este momento es una expresión de amor. ¿Será el amor lo que te libera de la muerte? ¿Lo que te libera de ti mismo? ¿Lo que te libra de ser un ser humano? ¿El librarte de tener que sufrir las consecuencias de tus pensamientos sin significado? Miremos un poco más la primera carta a los corintios... ¡Mirad os muestro un misterio! En un momento seréis cambiados. En un abrir y cerrar de ojos resucitaréis. Todo está aquí ¿verdad?

¿Qué ves aquí? AMOR. ¿Puedes ver el amor? ¿Puedes escuchar el amor? ¿Puedes sentir el amor?

¿Se puede demostrar el amor en asociaciones diferentes? ¡Sí, pero de lo único que puedes estar seguro es de no poder ser otra cosa que no sea amor! Lo puedes demostrar de la manera que quieras. Y entiendo que puedes hacer del amor algo malo, aunque no sé de qué te serviría. De todos modos esto solamente tiene que ver contigo y con lo que ocurre en tu mente. Va a ser todo tú independientemente de lo que hagas. Pero ten por seguro esto, si crees que puedes enfermarte y morir y que eres un cuerpo, enfermarás, morirás y serás un cuerpo. Me pides que te libere de las cargas que te has echado encima. Para mí, obviamente, eso es imposible. Yo puedo ofrecerte el amor de Dios que somos. Si estás determinado a aferrarte a las consecuencias de tu propia mente en una referencia histórica de separación no hay nada que podamos hacer ni el universo ni yo al respecto. Aún así, no puedes hacer que tu sueño de muerte sea real.

Quizá vas a creer que te amo sin reservas, me parece bien. Pero recuerda, que para una mente íntegra ser explícito es estar abierto a la totalidad. Obviamente, aquí el amor siempre se verá como un momento de intercambio. Esto es lo que el milagro es. El milagro es el momento en el que logras intercambiar conmigo el ser que ya no soportas por el amor que hay en mi mente hacia ti.

Pero tienes que recordar esto: somos el mismo Ser. El poder que estamos usando es singular, es toda la Mente de Dios. Cuando digo mi ser, quiero decir mi Ser. Se trata del mismo Ser. La manera como lo utilizamos al perdonar no es relevante para mí porque no podemos *sino* utilizar ese poder, el cual es amor. Una vez más: el amor es el poder de la mente de Dios. ¿Por qué le tienes miedo al poder? Porque éste te atacará y te matará. Tienes miedo. Para ti el poder es conflicto. El poder es oposición. El poder es defensa y ataque. ¡Pero no en la realidad! ¡El poder es amor!

"Mi cuerpo puede ser quemado y puede desaparecer". ¡Dios es un fuego de amor que te consume! Se trata de los grandes rayos. ¿Qué te preocupa? Lo único que has hecho hasta ahora es aferrarte a este pequeño espacio. Esto no es lo que tú eres.

Tú me dices: "Tengo miedo, prefiero quedarme en la luz ultravioleta". Bien, me parece bien. Pero tendrás que confiar en mí en esto. El universo es solo mente. Todo lo que realmente te ofrezco es un espectro más amplio de una asociación de energía/amor. Siempre utilizas estrechos rangos de correspondencia por miedo a tu pasión. Literalmente le tienes miedo a tu mente creativa. Te sientes cómodo dentro de la seguridad que te da la definición de tu limitación. Está bien, hazlo. Siéntete seguro. Pero por lo menos, párate un momento en esta imagen íntegra y completamente nueva de ti. Al menos, asume una parte íntegra de esto en tu mente.

Nunca se te ha pedido nada más que aceptar la expiación en ti mismo, sencillamente porque eres la totalidad del conflicto. No tengo la intención de reducirlo pero quisiera demostrarte cuánto más hay para ti de lo que estás dispuesto a aceptar. Tu disposición a aceptar es lo que la salvación es. Siempre hay mucho más de lo que crees, aún cuando descubres la esencia de todo. Pensar que eres todo lo que existe, ¡no es lo que es todo! ¡Es ser todo lo que existe!

La última página de la primera carta a los corintios cuestiona el que la gente se ponga de acuerdo y haga el viaje de retorno al Cielo. Los pájaros de igual plumaje tienen la tendencia a volar en bandadas y las plumas son el problema.

La institución humana niega la vida eterna. Esa es la idea de que Cristo siempre está contigo y que siempre lo estás negando porque Él no parece encajar dentro del concepto que tienes de ti mismo. Observa esta reunión que tenemos aquí. Tenemos asociaciones dudosas o prácticamente imposibles. Si tú, como ser humano, fueras a mirar a estos apóstoles demandándoles el reconocimiento de tus propias credenciales, te preguntarías "¿Qué diablos pueden tener en común?"

¿Qué han encontrado en común? ¡AMOR!

"¿Cómo puedes decir eso?"

Es fácil - Amamos todas las cosas.

Entonces el mundo dirá. "¿Cómo te atreves a amar todo de manera incondicional? Yo te puedo probar que estás totalmente equivocado al respecto". ¿Cómo pueden probarlo? Ellos dirán, "te mataremos y entonces no podrás amarnos. Probaremos que el amor total no existe. Te mataremos, a ver si nos perdonas al matarte".

Habiendo matado al Cristo, los que lo crucificaron ahora pueden pretender reconocer el salvadorazgo de Jesús, a quien crucificaron. Se sienten muy seguros porque lo mataron en el momento en que Él los amenazó con su propia perfección por medio de la gracia salvadora de Su amor. De pronto, apareces tú con Jesús, como una amenaza mayor, y por lo tanto, este mundo te tiene que crucificar para defenderse del amor.

Mantén el buen ánimo. Todo este lugar y todo lo que existe en él es solo tu vieja pesadilla en proceso de desaparición. ¡Qué extraordinaria misión has recibido y aceptado, la cual se ha convertido en una misión imposible!

Bienvenidos al fin de este mundo en el lugar y momento preciso de su enmarañado comienzo.

¡Bienvenidos a casa!

Y si repartiera todos mis bienes para dar de comer a los pobres, y si entregara mi cuerpo para ser quemado, y no tengo amor, de nada me sirve.

La caridad es sufrida, es benigna, la caridad no tiene envidia; no es jactanciosa, no se envanece, no hace nada indebido, no busca lo suyo, no se irrita, no guarda rencor; no se goza de la injusticia, sino que se goza de la verdad.

Todo lo sufre, todo lo cree, todo lo espera, todo lo soporta.

La caridad nunca deja de ser; pero las profecías se acabarán, cesarán las lenguas y el conocimiento se acabará.

En parte conocemos y en parte profetizamos; pero cuando venga lo perfecto, entonces lo que es en parte se acabará.

*Cuando yo era niño, hablaba como niño,
pensaba como niño, juzgaba como niño;
pero cuando ya fui hombre, dejé
   lo que era de niño.*

*Ahora vemos por espejo, obscuramente;
   pero entonces veremos cara a cara.*

*Ahora conozco en parte, pero entonces
   conoceré como fui conocido.*

*Ahora permanecen la fe, la esperanza y el
amor, estos tres; pero el mayor de ellos es
   el amor.*

1 Corintios 13

TERCER ENCUENTRO

El poder sanador del Amor

Y la mayor de ellas es la caridad. Bienvenidos. Nos hemos reunido aquí, bajo los auspicios del mensaje de mi salvador Jesucristo, para intentar expresar de manera particular una idea sobre el amor. Comenzamos este episodio con unos fascinantes mensajes del apóstol Pablo en la primera carta a los corintios, versículo 13, con la intención de que nos fuera posible, en este momento, darle un valor total a la idea del amor.

Al comienzo de nuestro *Curso de Milagros*, empezamos a mirar juntos la idea de no poder enseñar sobre el significado del amor por esto estar más allá de lo que se puede enseñar. Y la razón por la que está más allá de lo que se puede enseñar es que nosotros mismos somos amor. Si me presento aquí en un atuendo de concepción humana, basado en una idea de una ilusión de correspondencia en separación, es imposible que *no* te esté ofreciendo amor, porque Dios es amor.

Practica: "Dios es amor". Las lecciones que vienen después de la 170 en el libro de ejercicios de *Un Curso de*

Milagros van a pedirte que repitas: "Dios es solo Amor y, por ende, eso es lo que yo soy". Y cuando te encuentres con el Viejo... me llaman el Viejo, porque al tener la experiencia devastadora de mi propia aniquilación en correspondencia con mi cuerpo descubrí con increíble asombro que la luz del amor me rodeaba. Y, al igual que muchos otros maestros de Dios a través de su propia resurrección en el reconocimiento de la transfiguración de la energía del cuerpo, el comenzar a enseñar sobre el amor dentro de los tonos corporales de vibraciones de luz es la manera como nos expresamos en una comunicación instantánea con la idea de estar totalmente incluídos dentro de los aspectos de lo que el universo es, y poder compartir desde la totalidad de esa relación cualquier momento singular de comunicación, que es lo que el amor de Dios es.

"Y te doy a ti, tal como me das a mí, amor verdadero". ¿Es el amor lo que la verdad es? En las traducciones del arameo el acto de amar se designa tal como lo leímos en la primera carta a los corintios, "caridad". El acto más elevado que puede llevar a cabo la condición humana en una nueva asociación consigo misma es el acto de dar. Escucha con atención: esto no tiene que ver con la observación de lo que has dado, la cual te provee una idea de intercambio encapsulada dentro de la posesión del amor. Practica: "El amor no posee." ¿Qué podría poseer? ¿Podría poseerse a sí mismo? Así que, incluída en la idea del acto de dar o el de compartir amor, está la certeza de ser amor. Nada más que eso, sin entrar en ideas que exalten las definiciones que tienes de ti. Tampoco menos, en la falsa humildad con la que identificas tu determinación de no ver cómo se relaciona tu plenitud con el universo, sino en la simple admisión de ser íntegro y perfecto tal como fuiste creado y que de manera particular, lo único que puedes hacer es amar. Nos encontramos con el dilema de tu necesidad de definirte como algo diferente del amor. Dado que eres la totalidad de Dios creando, la definición que tienes de ti mismo es una retención momentánea en el espacio/tiempo, del conflicto que sientes por la necesidad de definirte a ti mismo como algo diferente. Proteje todo lo que valoras con ese simple acto.

Y llego aquí, y voy a empezar a expresar un poco de amor. Junto con esta expresión de amor estará mi certeza de un proceso de sanación por medio del cual puedo tomar lo profano en ti, el hombre natural en ti, el tú que insiste en ser tú mismo conservando el sufrimiento, para demostrarte que en un momento de la expresión de nuestro mutuo reconocimiento podemos ver nuestra plenitud, nos sanamos y somos íntegros.

En muchos de mis primeros videos se transmite la esencia de la verdad –si el amor es el poder de la mente, el poder que te ofrezco con respecto a mi auto-realización es el poder del amor. Ahora, a menudo a la condición humana se le escapa lo simple que es utilizar el amor sencillamente debido a la necesidad de ponerlo en práctica. Lo que haces es formular de manera imparcial una idea objetiva de amor en tu mente, luego la ubicas fuera de ti y la utilizas como una definición de la correspondencia que has encontrado en la retención de tu separación. Y mientras puedas hacer eso, ¿qué va a ocurrir? Si tienes alguna idea acerca de estar enamorado y compartes el aislamiento de la realidad objetiva dentro de la matriz de luz, vas a utilizar tu causalidad basándote en los efectos que valoras dentro de la relación que tienes contigo mismo. Como la causa del universo es la mente de Dios y como Dios es amor, obviamente no puedes agotar el amor, aún, cuando incluyas tu amor humano o la idea de poderte comunicar con los demás.

Te amo. ¿Pero, decirlo quiere decir que he rechazado dentro de mi mente esta otra asociación? ¿Mi amor por ti implica el excluir a alguien en la aparente proximidad de una asociación de realidad objetiva (lo que llamamos "prójimo")? ¿Mi prójimo es diferente al ser que amo? Sin embargo, por medio del entrenamiento mental de este *Curso*, he aprendido acerca de la capacidad de extensión de mi mente para simplemente liberar mis asociaciones objetivas, porque mi propio significado radica en dicha extensión.

Sí, aquí.... ¿quieres que lo comparta contigo? Voy a leerte solamente un fragmento, si me lo permites, de uno de los libros (llamado *Jesús está hablando*) sobre la certeza de que el milagro está ocurriendo en nuestra mente y nuestro corazón.

Y ¿por qué es importante que lo escuches? Dime: "porque ¡Jesús *está* hablando!".

Sí, repítelo. El Cristo en ti, la idea de tu perfección, tu determinación a expresarte como íntegro y perfecto, es la base del Nuevo Testamento de Jesús. ¿De acuerdo?

Amarás a tu prójimo como a ti mismo. ¿Miramos nuevamente la razón por la cual esto es tan pertinente en las ideas que tenemos sobre nuestra asociación? Nuestro prójimo es una idea acerca de nosotros mismos. Si tengo una idea sobre mí mismo que es un constante recordatorio de mi capacidad de permanecer dentro de un marco de espacio/tiempo el cual puede continuamente ser alterado por la luz y el amor de Dios, puedo mantenerme en la convicción de mostrarte un cuerpo sano.

Los sanadores milagrosos, los sanadores cristianos que están utilizando la mente de Jesús -que no es otra cosa que la Mente de Cristo, la cual se convierte en la mente de ellos a medida que asumen la obligación de extender su cristianismo (el de su propio salvadorazgo)- han descubierto para su sorpresa que van a hacer cosas mayores que las que llevó a cabo Jesús, debido a que él ha resucitado y ahora ofrece toda la solución fuera del marco de los patrones de memoria de control que previamente representaban tu forma corporal.

Tal como nos vemos ahora en esta idea de la conversión de nuestras mentes, nos estamos comunicando de manera instantánea al reconocer que cualquier distancia entre nosotros, utilizando la velocidad de la luz, nos negará el acceso a la comunicación total.

Mirémoslo. Si tuviera la intención de amarte fuera de este marco -y muchos de ustedes están compartiendo esto, y tú lo estás compartiendo conmigo ahora- yo no podría hacer una distinción entre lo que parece ser un cuerpo y lo que aparenta ser otro. Ahora, el resentimiento que podrías sentir debido a tus asociaciones de separación se debe a que yo le he declarado mi amor a esta asociación. Entonces entras en resentimiento, te dan celos por la posibilidad de la pérdida de las posesiones que compartimos dentro de las limitaciones que nos imponemos con el fin de justificar nuestra propia muerte, o nuestra propia destrucción. Lo único que el amor puede ser es la libertad de reconocernos a nosotros mismos, porque el amor es la liberación del cautiverio de dolor y muerte.

Voy a leerte solo un trocito del Nuevo Testamento de Jesús, que se refiere directamente al ofrecimiento que estamos compartiendo. Escucha:

Lo que temes no es nada. No hay nada que temer. No hay nada encubierto que no vaya a ser revelado ni nada escondido que no se vaya a saber.

Mira: Que lo que yo les diga en tinieblas les hable en luz y que lo que sus oídos oigan, lo proclamen desde las azoteas.

Dentro de poco el mundo no los verá, pero yo los veré, y ¡porque yo vivo, también ustedes vivirán! Así sabrán que yo estoy en mi Padre, ustedes en mí y yo en ustedes.

Tal como me han amado y guardado mis palabras, mi Padre los amará. E iremos a ustedes y moraremos en ustedes.

Y ahora que permanecen en mí, mis palabras permanecen en ustedes. Pidan lo que quieran y se les concederá.

Tal como el Padre me ha amado, así los he amado yo. Permanezcan en mi amor.

Han guardado mis mandamientos, entonces permanecerán en mi amor. Así como yo he guardado los mandamientos de mi Padre y permanezco en su amor.

Estas cosas les he dicho, para que mi gozo quede en ustedes y su dicha sea completa.

Recuerda esto que viene de Jesús: *No me han elegido, yo los elegí, y los he ordenado. Y éste es mi mandamiento...* ¿Me estás escuchando? *Que se amen los unos a los otros, tal como yo los he amado.*

Que me ames tal como yo te he amado. Echemos un vistazo a algunas de las dificultades que podemos encontrar en el intento de amarnos en nuestra asociación corporal. Si me presento ante ti como una identidad corporal, no podemos evitar que no me veas como parte de la proyección de tu propia forma corporal y que me mantengas en cautiverio, lo que podríamos denominar un intento único de corresponder sin utilizar el poder del amor. Sin embargo, se te ha dado todo poder en el cielo y la tierra para poder compartir el poder que Dios nos ha dado, el cual es su regalo, con la certeza de que una idea acerca de la plenitud de tu ser en relación tanto con Dios como con la idea conceptual de la formulación del espacio/tiempo sea de hecho, en un solo momento de totalidad, todo lo que en realidad exista.

Gran parte de la alegría que sientes al estar conmigo, como lo que tú denominas un "Maestro de Maestros," quien se te presenta en una asociación de correspondencia de tiempo, te ofrece evidencia del poder de un momento de intercambio en el que permites que tu determinación a defenderte sea penetrada dentro de la matriz de ideas no comunicativas que provienen de la retención de una localización. Experimentas una expansión y sientes la alegría de tu luz, la cual vino contigo junto a tu idea de separación, de manera que el acto de amor hace posible la sanación de las relaciones hostiles que tenemos que previamente definían nuestra necesidad de ser cuerpos separados y de sufrir consecuencias dentro de un marco de tiempo que no nos permite ver que el Reino de Dios y su amor nos rodean.

Y lo que estoy tratando de expresarte por medio de un proceso de razonamiento en mi mente es que tú y yo tenemos disponible lo que podemos llamar la "Mente Crística" -la Mente Íntegra, la capacidad de ser conscientes de la Realidad Singular que expresa un momento de comunicación entre nosotros.

La comunicación -la comunicación directa- siempre será una amenaza para tu estructura corporal, porque va a representar la pérdida momentánea de la retención de una matriz material de energía que en verdad podemos decir no es comunicativa. Es decir, no hay absolutamente ninguna razón para este mundo, incluyendo la necesidad de la ilusión que lo sostiene. Así que cuando te ofrezco el poder de tu mente para tener una experiencia total, lo que te ofrezco es una renovación celular de la formulación de la asociación molecular de tu cuerpo.

Tengo una promesa que cumplir. Recibí una llamada de un ser muy querido que está sufriendo de… ¿cómo se llama eso, artritis? La idea de tú ser un cuerpo y de estar en proceso de envejecimiento… Déjame usarme como un buen ejemplo de un cuerpo de setenta y siete años, que obviamente no tiene esa edad. ¿Te digo por qué? No hay tal cosa como un cuerpo. Dentro de la matriz de energía de luz, tú realmente crees que en nuestra asociación hay dos cuerpos separados.

Escúchame Marta: La sanación que estoy a punto de llevar a cabo relacionada con tu artritis será simplemente mi reconocimiento de tu integridad y perfección. ¿Cómo puedo reconocerte como íntegra y perfecta? *¡Tú eres* íntegra y perfecta! ¿Necesitas que te diga que se te ha dado todo el poder en el cielo y en la tierra para tener la experiencia de sanar esa artritis? Lo haré si quieres. No tienes necesidad de sufrir la asociación de dolor que estás sintiendo relacionada con esa idea de que los órganos van a desmejorar y el cuerpo va a estar contenido si experimentas la pérdida de una frecuencia que te mantiene en la determinación de permanecer especializada dentro de tu propia relación corporal.

¿Me quieres usar? Estos son los sanadores cristianos que van por el mundo, usando el poder de la mente de Jesús para sanar y el espíritu de la energía de la asociación de una nueva correspondencia de identidad corporal -sin preocuparse por sus conceptos en absoluto. Míralo conmigo. Este *Curso* nos enseña que si vamos a liberar momentáneamente la identidad de asociaciones de cuerpos separados, vamos a tener una experiencia de comunicación directa. ¡Ahí está! Aquí, mira. ¡Zummm! Dime ahora, ¿te parecen estas manos las de un hombre de setenta y seis años? Dime: "Eres solo una ilusión". Por lo tanto, yo soy solo una ilusión. Mira esto conmigo. Si quieres creer ser un.... Creo que en el último video te dije que me enamoré de ti porque eras una identidad corporal de sesenta años o sesenta y ocho o cincuenta o cuarenta años de edad, eso lo reconocí utilizando nuestras mentes.

El amor comunica, ninguna otra cosa logra la comunicación. Lo que te estoy ofreciendo es tu propia capacidad… ¿Te digo a qué le tienes miedo? Tienes una habilidad o capacidad innata -dime: "de enamorarme". Enamorarte. ¡Qué mucho miedo le tienes a la idea de estar completamente enamorada! Porque va a ser una pérdida momentánea de la definición que tienes de ti misma que insiste en retener la idea de poder amar estando separada del poder del universo.

Yo espero que todos los que estén viendo este video estén a punto de tener la experiencia de enamorarse. ¿Quieres que te diga por qué? Porque enamorarse es lo que es la sanación. Como lo único que Dios hace es amar, yo protejo toda mi necesidad de estar enfermo y de tener artritis liberándola. Según libero mi necesidad, como un pensamiento de mi mente, ésta se convierte en un agente de comunicación de luz instantánea dentro del poder del universo.

¿Te parece demasiado simple? ¡Pues, lo siento mucho! La mente que te estoy ofreciendo, ¿estás listo? –no envejece. Porque el amor universal no sabe nada sobre el envejecimiento. El amor no sabe nada de la muerte. El amor no sabe nada de las asociaciones profanas de tu cuerpo, sino que nos ve juntos en un momento de comunicación.

De manera que el amor va con nosotros dondequiera que vamos porque el amor es la mente de Dios con la que pensamos. Regreso en un momento. Te quiero recordar que…creo que me estoy enamorando. Y la sanación que se llevó a cabo, la que le había prometido a esa asociación, se está experimentando dichosamente como algo pleno en relación con una correspondencia tanto del tiempo como del espacio.

Dios nos bendice a todos y cada uno. Los veré en un momento.

****

Así que nos estamos encontrando en un momento de amor. Y como en realidad éste es el único momento que tenemos, tenemos como opción el amarnos, lo cual sería una importante confesión de nuestra incapacidad de lidiar con el caos de este mundo, o... Y en el momento en el que no intentamos encontrar una correspondencia mutua en nuestra asociación objetiva, nuestro cuerpo sana. ¿Puedes ver esto conmigo? La razón por la que nuestro cuerpo sana es porque es una ilusión de una correspondencia de un factor de luz que no existe en ningún momento. Es una matriz de energía de luz a la que puedo darle un momento de estabilidad si tú no te proteges del miedo que le tienes a todo lo que ofrece este encuentro.

Practiquemos por un momento la idea del poder de la mente. Allí... ahí estaba. La experiencia que acabamos de compartir fue un momento de reconocimiento del poder de la mente universal de Dios basado en el proceso de dar. ¿Recuerdas como al principio del video enfatizamos por medio del apóstol Pablo cuán importante era la idea de la caridad? Las asociaciones que tenemos con respecto al amor en el acto de reconocernos es todo lo que existe en un momento de dar. ¿Quieres que ensayemos un momento de dar? *Te daré a ti, tal como tú me das a mí, amor verdadero.* Mira. Utilizo el poder del amor de Dios para definir nuestra nueva asociación sin la necesidad de permanecer en la contracción de la matriz de energía de luz que parece ser tu localización en el tiempo.

Míralo comigo. Dios solamente da. Ahí lo tienes. Entonces las defensas a tu identidad empiezan a menguar, ya que tu necesidad de aferrarte a ésta es lo que ha impedido que ames. Porque al conservar en tu mente ideas acerca de ti has restringido el eterno proceso del poder de una mente singular de encontrarse por completo en sus propios efectos. De esta manera vemos que cualquier idea de control niega acceso a la realidad creativa.

¿Quieres escuchar un poco sobre el poder que tienen nuestros encuentros individuales y el miedo que tienes de tener un encuentro directo conmigo? Veo que estás asumiendo una posición conceptual. Estoy seguro de que tienes la intención de protegerte dentro de esa forma corporal. Y estoy seguro también de que si utilizas los conceptos de tu mente para sobrellevar la definición que has establecido para ti, te vas a convertir en una correspondencia de nuestros cuerpos. Y entonces me encontrarás en una formulación dentro de una matriz que justifica una asociación de cuerpos separados.

Te voy a recordar algo que es bien importante. Puedes escuchar esto: Ni la continuidad de la correspondencia de nuestras mentes ni las ideas que tenemos acerca de nosotros son secuenciales. ¿Recuerdas la práctica que hicimos en ese último video del texto sobre el capítulo 28? Practiquemos juntos -porque puedo ver que estás a punto de tener esa experiencia. No hay ningún vínculo en la memoria que tenemos de nuestra asociación que nos relacione en este momento con nuestra antigua asociación. De manera que si yo vengo aquí... Vamos ... Voy a ser un cuerpo viejo de setenta y siete años de edad ... ¿Me permites hacerlo? Creo que lo voy a intentar contigo. Voy a ser un hombre de setenta y siete años. ¡Yo no sé cómo hacer eso! Vas a tener que ayudarme con esto. ¡Mírame, sí, tú mismo! Te voy a dar todo mi amor y voy a preguntarte por qué deseas permanecer en ese cuerpo. Estoy consciente de que vas a utilizar la artritis que tuviste con el fin de establecer tu asociación corporal. Y entonces tendrás la necesidad de superar el dolor de la artritis, en lugar de simplemente admitir que tu propia mente causa todo el dolor que se manifiesta en este mundo, y que a medida que cambias tu manera de pensar este mundo empieza a cambiar.

Míralo conmigo: tengo la intención, y voy a hacerlo, voy a verte íntegro y perfecto dentro de la mente que compartimos con Dios -te guste o no. Y mientras sigas empeñado en retener la experiencia de estar determinado a justificar tu localización para entonces mantener tu necesidad de efectos no comunicativos provenientes de tu pasada asociación la cual no te permite ver la condición presente que te estoy ofreciendo, así va a ser para ti.

Si se te ha dado todo el poder en el cielo y la tierra -tú, ahí mismo donde estás- no hay nada en el universo que pueda evitar el que organices tus asociaciones conceptuales en tu determinación de permanecer dentro de ese pequeño (¿cómo lo llama nuestro Salvador?) "laberinto infinito de la nada compuesto de energía obscura", y no vas a permitir que yo entre con mi amor. Porque si empiezas a enamorarte vas a perder tu necesidad de defenderte del amor eterno de Dios y colapsarás completamente en el amor.

Practiquemos: "Rindámonos al amor". Vi como te dio miedo. "Sí, pero ¿qué voy a hacer?". ¿Te das cuenta de a qué le tienes miedo? Compartamos juntos algo realmente fundamental: Dime, "Le tengo miedo al amor de Dios". ¡Claro que sí! ¿Cómo no iba a darte miedo? Jesús dice, "No hay nada que temer y cuando tienes miedo no eres nada". Ahora lo que ocurre en la asociación entre la nada y lo que no es nada dentro de la matriz obviamente no podría preocuparme porque Yo soy la luz del mundo. ¿Quién es la luz del mundo? ¡Tú!

¿Te gustaría practicar conmigo por un minuto? Dime: "Yo soy la luz del mundo". ¿Ni tan siquiera lo quieres decir? [risas] Te vas a proteger, ¿verdad? No existe ningún requisito de que lo creas, porque son tus creencias las que proporcionan las pautas para tu negación. Pero la admisión de la luz del mundo puede venir a ti como un auto-reconocimiento. ¿Te digo por qué? ¡Porque eres la luz del mundo! Pero las creencias son realmente categóricas, y por eso es que tenemos que practicar en nuestra mente haciendo la declaración, porque la energía del universo puede entrar en un momento en que el amor se comparte.

Voy a leerte un poco de nuestro libro llamado: *Jesús está hablando.* Y esto viene de nuestro *Curso de Milagros,* pero es una activación de la idea de la experiencia que estamos teniendo juntos, y que acabamos de tener aquí. ¡Por amor a Dios! Escúchame: la curación que se produjo en lo que concierne a la artritis... Vamos, y no me digas que esa mano tiene setenta y siete años de edad -¡Vamos! "Bueno, está tan arrugada". ¿Y qué quiere decir eso? Le has conferido a tu mano una idea de lo que piensas que eres en tu propia mente. Ahhhh...

Dime: "Yo quisiera que lo que me has estado enseñando fuese verdad". Bueno. Bueno. Porque en la expresión de tu deseo está incluída tu necesidad de encontrar otra solución. Y yo te aseguro que la idea que tienes de tú ser ese cuerpo no puede sino darte como resultado el que lo seas. Y entonces vas a tener que ocupar ese pequeño lugar en el espacio/tiempo hasta deteriorarte y convertirte en polvo, en la nada de la correspondencia momentánea de la idea de tu separación, que es lo que te estoy negando en este momento.

Aceptaste un acuerdo que conlleva la muerte. ¿Quieres confiar en lo que te digo? Todos los tratos que se llevan a cabo en este mundo se basan en tu determinación de sufrir las consecuencias de nuestro conflicto por estar en correspondencia.

Escucha: Defiende todo lo que valoras por medio del acto de regalarlo. El amor que siento por ti no es otra cosa que la libertad de mi mente para utilizar el poder de la luz que me rodea, la cual antes yo temía. Y en la idea devastadora de la conversión de mi mente, en la ordalía de volver a nacer, nos reconoceremos en una nueva matriz de energía de luz en la que nuestra comunicación es instantánea. ¿Qué te parece? Dar y recibir son en verdad lo mismo porque *Yo soy la luz del mundo*. Dilo. Ahí lo tienes. Cuando das, reconoces inmediatamente en el acto de dar toda la asociación. Porque, ¿qué fue lo que aprendimos en la lección? Solamente te puedes dar algo a ti mismo. Dímelo. Sí. Todas las imágenes que representan tu asociación objetiva, las que parecen rodearte, definen la pobreza de tu auto-contención en la que intentas conservar la idea de limitación con el fin de ganar en la cuantiosa limitación que te impones a ti mismo para poderte definir en esa localización.

¡Cuánto te empobreces al relacionar la idea del amor con la protección! ¡Y cuánto pierde la idea de un momento de amor debido a tu determinación a circunscribirla a una idea que clama la necesidad de auto-extinción! De hecho, el amor es dejar ir el miedo. Mira. La única cosa que podrías conservar dentro de tu propio concepto es una idea de miedo. ¿Lo puedes ver?

Demos un vistazo a lo que te ofrezco dentro de los límites de tu propia identidad la cual ha sido penetrada en la ilusión de una localización, de manera que podamos darnos cuenta que yo represento para ti un personaje dentro de tu propio sueño de separación a quien hasta ahora habías temido dejar entrar en un arreglo de correspondencia en el espacio/tiempo a pesar de haber expresado la necesidad de la idea de Jesús.

La idea de que el Cristo estuviera parado al lado tuyo en tu propia mente, provocó el que te refugiases más en la idea de miedo hasta el punto en el que finalmente pediste la ayuda que ahora intento ofrecerte.

Le hemos dado bastante atención a esto... Según miraba tu mundo hoy... regresé a esta asociación ayer; estaré aquí hoy y me iré mañana. Gran parte de lo que está sucediendo dentro de tu matriz expresa tu necesidad de protegerte, y eso para muchos de ustedes está convirtiéndose en algo absurdo. Todo lo que te representa parece ser una necesidad de protegerte -hasta llegar al punto en el que dices: "Ya estoy cansado de esto". Entonces pides tu poder innato al universo y lo recibes de acuerdo a tu necesidad. Tocad a la puerta, y se os abrirá. Pero tienes miedo de que se abra, porque no estás seguro de lo que hay detrás de la puerta. Yo te aseguro que si supieras lo que hay detrás de la puerta, lo mantendrías dentro de la idea de tu correspondencia y te negarías el acceso a ese portal que, si bien te parece oscuro, brilla esperándote justo más allá del evento horizonte de tu propia contención.

Así que el momento en el que te enamoras ocurre un colapso de tu forma corporal de donde surgen lo que solíamos llamar "las cenizas del ave Fénix". Asumirás nuevos aspectos de grados e intervalos dentro de la matriz de energía de luz que previamente te mantenían separado. Nos acabamos de enamorar. Sí, te leeré un poco.

Escucha: *La luz ha llegado*. Lección 75 – Han pasado setenta y cinco días en la idea de este entrenamiento mental y repentinamente estamos penetrando la obscuridad de tu correspondencia humana. Hay muchísimo entusiasmo con respecto a nuestro *Curso de Milagros*. Lo que sucede es que, en la repetición de la idea de tu perfección, a pesar de no entender y ni siquiera considerar la idea de habérsete dado todo el poder tanto en el cielo como en la tierra, el expresarlo aumenta tu fe en la idea de que exista una única fuente de realidad, que es realmente lo que tú eres.

El énfasis de este *Curso De Milagros* con respecto a tu identidad conceptual es sencillamente que no necesitas hacer nada. No tienes que hacer nada para poderte identificar como perfecto. Pero, al dejar tu necesidad de encontrar correspondencia por medio del intercambio te enamorarás completamente. Y todos en el mundo te mirarán y considerarán ridícula tu dedicación a establecer una nueva inocencia que emana en ti en tu relación con el universo.

Soy íntegro y perfecto tal como fui creado. No puedo sufrir pérdidas, no me puede suceder nada que pueda causar una confusión en mi identidad, a menos que esté determinado a que ocurra.

Y de momento, el amor nos rodea, ¿no es así? y el amor se está convirtiendo en la mente con la que pensamos, la manera como nos comunicamos. ¿Por qué? Porque la Luz ha llegado. El poder del amor de Dios se expresa en un momento de luz. ¿Estás escuchándome, tú, en esa condición humana? Te estoy enseñando que el amor es la iluminación de tu mente; sin importar lo que pensabas ser de acuerdo a tu propia definición.

Para ti, la idea de ser íntegro y perfecto es la esencia de la determinación del ego de no reconocer tu perfección por temor a tu necesidad de llevar a cabo actos de sanación utilizando el poder del amor de Dios en vez de mantenerte dentro de tu propia contención, en cuyo caso, este mundo te va a rechazar y te va a atacar sencillamente por estar declarando la totalidad del amor proveniente de una nueva asociación entre nosotros que recién hemos descubierto.

La luz ha llegado, eres íntegro y puedes sanar. Escucha: *La luz ha llegado. Te has curado y puedes curar. La luz ha llegado. Te has salvado y puedes salvar. Estás en paz y llevas la paz contigo dondequiera que vas. Las tinieblas, el conflicto y la muerte han desaparecido. ¿Por qué? La luz ha llegado. Hoy celebramos el feliz descenlace de tu largo sueño de desastre. Ya no habrá más sueños tenebrosos.*

¿Por qué? Dime: "La luz ha llegado." Bien. *Hoy comienza la era de la luz para ti y para todos los demás. Es una nueva era, de la que ha nacido un mundo nuevo. Y cuando el viejo pasó de largo, no dejó rastro alguno sobre el nuevo. Hoy vemos un mundo diferente porque la luz ha llegado.*

La luz ha llegado. Has sanado y eres íntegro. Y te vi empezando a expresarlo en esta plática.

Míralo conmigo: La práctica de una idea sobre una alternativa dentro de la matriz de muerte ha cobrado fuerza en tu mente, sencillamente porque el amor de Dios te rodea, y es lo que tú eres. No, no se trata de nadie más. Se trata de ti.

Dime, "La salvación del mundo depende de mí." Yo te ayudaré. ¿No quieres decirlo? Tienes que decirlo. Al menos dame un beneficio conceptual en el sentido de que quizá comiences a practicar el entrenamiento mental el cual te permitirá ver el poder que en realidad tienes con respecto a esa diminuta idea de estar dotado innatamente con la capacidad de escaparte de la prisión de correspondencia de luz que te ha mantenido en la idea de un potencial o una contención dentro de la idea obscura de no utilizar la Fuente de Realidad. Te he llevado directamente a un momento terrible y estás comenzando a disfrutar la conversión de éste sin la necesidad de mantenerlo dentro de las correspondencias de tiempo secuencial.

Escucha una frase más: *La luz ha llegado. He perdonado al mundo.*

No te entretengas hoy en el pasado. Mira. *Mantén tu mente completamente receptiva, libre de todas las ideas del pasado y de todo concepto que hayas inventado. Hoy has perdonado al mundo. Puedes contemplarlo ahora como si nunca antes lo hubieses visto.* Porque no lo viste nunca antes. *Todavía no sabes qué aspecto tiene. Simplemente estás esperando a que se te muestre. Mientras esperas, repite varias veces lentamente y con absoluta paciencia: La luz ha llegado. He perdonado al mundo.*

Date cuenta de que tu perdón te hace acreedor a la visión. Entiende que el Espíritu Santo jamás deja de darle el don de la visión a los que perdonan. Confía en que Él no dejará de dártelo a ti ahora. Has perdonado al mundo. Él Espíritu Santo estará contigo mientras observas y esperas. Él te mostrará lo que la verdadera visión ve. Esa es Su Voluntad y tú te has unido a Él. Espéralo pacientemente. Él estará allí. Porque la luz ha llegado. Has perdonado al mundo.

Estos han sido uno de los cincuenta y siete minutos más rápidos que he tenido con respecto a la idea de que me hubieras permitido entrar en tu correspondencia. ¿Quieres compartir algo conmigo? La idea de que la luz hubiera penetrado tus defensas no es otra cosa que la admisión de la total necesidad de la metamorfosis de tu mente en asociación con las correspondencias de tiempo. Vas a llevar a cabo el acto de renacer, sencillamente porque eres el acto de renacer mismo.

¿Entonces, qué fue lo que aprendimos en estos cincuenta y siete minutos? (De hecho, fueron casi trescientos años.) Aprendimos que cada vez que encontramos una correspondencia fuera de nosotros que justifica la duración de nuestra forma corporal, podemos vivir, por un periodo de veinte, cincuenta, cien, mil o setenta siete años, la idea de estar separados de la realidad. Sin embargo, cada vez que permitimos la penetración de la luz acortamos nuestra necesidad de defendernos de la idea de una separación objetiva que justifica nuestra necesidad de perecer.

Te dejamos con esto. La luz ha entrado lo sufciente en tu mente de tal manera que ya no te resulta atractiva la idea de auto destruirte en una localización.

Mira una vez más el conflicto de este mundo y podrás decidir. A pesar de no estar seguro de cuál sea la alternativa, vas a esperar pacientemente, solo por un momento, a que ésta aparezca.

Porque estamos completamente seguros de que Dios va con nosotros dondequiera que vamos, ya que es la mente con la que pensamos, en la que encontramos esta correspondencia de sanación que representa el amor que sentimos unos por los otros.

Regresaré y haré una hora más acerca de esta nueva experiencia de amor que estamos compartiendo. Y según decimos: "Dios nos bendice a todos y cada uno," reconocemos que en ese momento de bendición, somos íntegros y perfectos, y que el amor reina como una manifestación de lo que realmente somos, al despertar de este sueño. Te veré en un minuto.

[Fin de la primera hora]

* * * * * *

Ésta es una invitación a un gran experimento. Solo por un momento, deja a un lado los prejuicios de tu establecimiento humano y escucha estas palabras con el corazón. Escucha con el corazón. Escucha una y otra vez más. Solo por un momento, permite que este sencillo mensaje de verdad y amor vaya más allá de toda razón y verás como la razón lo seguirá según tu mente se vuelve receptiva a la gozosa luz de tu reencuentro con la mente eternamente creativa de Dios.

Quien creas ser, donde quiera que parezcas estar en el desesperado mar de caos que es este mundo, deja que el aliento de esta voz de una mente resucitada y fuera del tiempo haga que renazca en ti la antigua memoria de tu propia perfecta realidad. Ahora estás siendo llamado a cumplir el único propósito que se le pudiera haber dado a tu travesía por este absurdo mundo de soledad y muerte. Ese propósito es tu escape de él por medio del mensaje de salvación que tienes ahora en tus manos.

Tienes el mensaje de la salvación en tus manos ahora. Y la certeza que te estoy ofreciendo basada en la iluminación que ocurrió en mi mente debido al profundo deseo de mi corazón de encontrar una solución, te permitirá encontrar correspondencias en nuestras mentes, porque cualquier mente íntegra que escuche esto va a representar dentro de toda la matriz de separación un momento de auto-realización. Esa es la razón por la que la salvación del mundo depende de ti. ¿Me lo quieres decir a mí? Sí, no es al mundo al que se lo dirás.

En este mensaje de mi salvador Jesús, Él no vino a salvar al mundo, Él no vino a tener nada que ver con el mundo, no vino a juzgarlo, no vino a condenarlo, como tampoco vino a condenarte debido al aislamiento en el que te encuentras por sentirte culpable contigo mismo. Él vino a decirte que Él te eligió para representar la completa conversión de la forma de luz. Eres el portador de la luz, traes esta luz contigo. En la primera parte de la charla dijimos que la luz estaba en ti ahora y que esperábamos que la utilizaras. Y esperamos que la lleves de vuelta a donde se te dio con la certeza, tal como acabamos de leer, de que vuelva a surgir en ti la idea de una solución total a tu problema, solución que estuvo momentáneamente extraviada debido al desplazamiento de tu mente.

Una parte considerable del *Curso* se basa en el ajuste que acaba de ocurrir aquí. Vengo aquí como lo que llamas un maestro de maestros; estoy en un proceso de reajustar este mundo. Me parece sumamente ridícula la idea de que a mí me importaran los conceptos de limitación que tienes acerca de tu forma corporal. No tienen ningún significado. Nuestro *Curso* tiene como principio fundamental el enseñarte a desistir de tu concepto de identidad. Tu identidad, dentro de la idea de la forma oscura, dentro del sueño de muerte, es lo que te mantiene cautivo en la forma corporal.

El problema que realmente tienes, si no me rechazas ahora mismo, es el tener que darte cuenta dentro de la idea que tienes sobre el tiempo secuencial, que lo que te estoy ofreciendo es tu propia salvación o la certeza de que el problema de este mundo radica solamente en tu propia identidad. Y que la única solución disponible va a ser el dejar de defender las ideas que tienes acerca de lo que tú no eres.

Ustedes, como humanos en su sueño personal, no van a lograr retener su propia voluntad ya que la voluntad de Dios no es que sufran dolor y que mueran. La voluntad de este mundo es la negación de la perfección. ¿Recuerdan lo que dijimos acerca del amor? Algunos de nosotros lo hemos intentado... Yo los vi... Hubo un grupo que me escribió una hermosa carta proponiendo una reunión para practicar amor incondicional. La razón por la que el amor incondicional es difícil de practicar es porque como parte de tus creencias vas a tener la noción de que hay condiciones ahí afuera que requieren la práctica del perdón. ¿Ves entonces cómo esto te empieza a parecer difícil? Entonces vas a creer -este mensaje viene directamente de Jesús- que en realidad necesitas perdonar las asociaciones objetivas que producen dolor y miedo en tu empeño a aferrarte a ellas para justificarte.

Lo que les estoy ofreciendo respecto al amor, no es incondicional en el sentido de que deban renunciar a la condición que los atemorizó, sino más bien, que den un giro y por medio de un momento de perdón, se muestren a ustedes mismos toda la determinación de su identidad, la cual les ha negado el acceso a la Fuente Creadora. Sí, por supuesto, esto es el sermón de la montaña.

La esencia de la enseñanza que les presento es que el universo es pensamiento y que cualquier simple pensamiento de amor, si no lo interrumpimos con un concepto, va a expresar el amor que sentimos mutuamente. Yo me presento dentro de la ilusión de un cuerpo de setenta y siete años de edad, y si ustedes me miran desde una perspectiva de longevidad y no pueden ver que no estoy cautivo dentro de un cuerpo, no van a ser capaces de percatarse cuán cerca se encuentra una correspondencia en otra matriz de energía que está ocurriendo al lado nuestro.

No le preguntes a un gorrión como vuela un águila. Aquellos que están determinados a reflejarse a sí mismos una correspondencia de asociación corporal, no podrán, literalmente, compartir el poder de nuestras mentes individuales para sanar enfermos y resucitar muertos tal como nos pidió que hiciéramos el salvador de este mundo, quien se representa como Jesús de Nazareth y quien nos pide ahora que expresemos por medio de la luz y el amor que sentimos los unos por los otros nuestro convencimiento de que la única razón para estar aquí es -escapar de esta matriz de muerte.

Miremos juntos, solo por un momento, la idea de cuán cerca tenemos la posibilidad de una correspondencia dentro de este cautiverio. Nos quedan cuarenta y dos minutos, en la totalidad de tu identidad para entrar a la idea de la muerte e irte. Si aceptas mi certeza de que el tiempo no está en realidad pasando, todas las memorias de miedo que te vengan a la mente pueden ser convertidas en amor, sencillamente porque has estado dependiendo de la pasión del miedo para preservar el amor. Y la idea de un amor temeroso realmente no tiene ningún sentido. Pero el encuentro que estás teniendo conmigo -esto viene del hermoso texto de Jesús- puede demostrarte que nuestro encuentro, si bien contiene todos los conflictos de nuestra separación, puede ser transformado en un instante.

Escucha: *Gloria a Dios en las alturas, y también a ti, porque así lo ha dispuesto Su Voluntad. Pide y se te dará, pues ya se te ha dado. Pide luz y aprende que eres luz. Si quieres tener entendimiento e iluminación aprenderás que eres luz, ya que tu decisión de aprender esto es la decisión de querer escuchar al Maestro que sabe de luz, y que, por lo tanto, puede enseñarte lo que ésta es.* Escucha: *No hay límite en lo que puedes aprender, porque tu mente no tiene límites. Las enseñanzas del Espíritu Santo no tienen límites porque Él fue creado para enseñar. Al comprender perfectamente cuál es Su función la desempeña perfectamente porque ese es su gozo y el tuyo.*

Y mi función -si permites que te enseñe- es solamente mostrarte la alegría que podemos compartir cuando nos escapamos. Dime: "Infierno". Sí, estás en el infierno. ¿Qué otra cosa iba a ser la matriz de forma oscura de tu contención, sino el infierno?

Estamos leyendo del capítulo 8 del texto de *Un Curso de Milagros* sobre un instante de un encuentro santo que va a permitirte cambiar tu mente acerca de la dirección que quieres seguir. Si estás determinado a que tu dirección sea una en la que se retiene la idea de la separación como parte del conflicto del poder de tu propia mente, así lo será. En el momento en que pidas toda la solución, el tiempo colapsará en ti en una idea de milagro, y se reducirá tu necesidad de participar en la ilusión de separación. Esto opera como un catalizador, deshaciendo las ideas erróneas que tienes acerca de ti mismo. ¿Lo ves? Ahora, aquellos de ustedes que acaban de tener esa experiencia de alegría, todo lo que hicieron fue mirar dentro de sí mismos y decirse: "Espera un momento, tiene que haber otra manera. El mundo que veo no tiene nada que yo desee. Mis pensamientos sin significado me están mostrando un mundo sin significado. Tengo un resentimiento conmigo mismo, porque lo que veo ahí afuera no tiene significado, sin embargo sigo insistiendo en buscarle significado".

Y la práctica de este *Curso* ha comenzado a dar frutos en la idea de que verdaderamente nos podemos escapar, la idea de que ya no voy a seguir aferrado a ese resentimiento.

Miré tu mundo esta mañana. ¿Quieres compartir algo conmigo? Estoy en tu mente ahora, en tu corazón, con la esperanza de poder lograr una asociación corporal entre nosotros -¡No sé cómo puedes soportarlo! Di una mirada a tu pesadilla. Puedo ver lo decidido que estás a representarte como ese cuerpo, como si de alguna manera, algo fuera de ti, que no puedes controlar, fuera a continuar promulgando la idea de la pecaminosidad de tu separación. No es verdad. No es verdad. Tú, ahí dormido: se trata del advenimiento a un gran despertar. Es la idea de poder compartir momentos de descubrimiento teniendo como punto de partida una revelación singular que provocó la resurrección de nuestra forma corporal. Éste es el mensaje que nos dejó Jesús.

Se trata de un encuentro *santo* porque es un encuentro *total*. Mira: no te puedes encontar contigo mismo a medias. Si lo haces, experimentarás el conflicto de estar dividido al retener la separación y condenarás a tu hermano a esa misma falsa identidad que justifica lo que piensas que eres.

Éste es un encuentro santo. En algún lugar de tu travesía en el tiempo te has encontrado conmigo. Y a pesar de que puede no haber sido tu decisión particular lograrlo, es imposible que en algún lugar en el tiempo no vayas a encontrar tu completa solución, porque tú mismo eres tu solución total -si es cierto que solo te estás encontrando contigo mismo, y no con una "parte" de ti mismo que condena a tu hermano a la falsa representación que fomenta tu necesidad de ser ese cuerpo.

Practica: "No soy un cuerpo." Te estás encontrando con un factor de luz de una ilusión que parece ser un hombre viejo dentro de tu matriz de memorias de identidad. Y estás repitiendo el conflicto. Miré la guerra en la que te encuentras -qué está pasando mientras te preparas para retener el conflicto pretendiendo que es amor. Te veo poner en marcha ideas de conflicto que utilizas para encerrarte en tí mismo en la noción de posesión para luego llamarlo amor. Luego sufres la idea de la pasión del conflicto que justifica tu idea sobre el amor.

¡Basta ya de tonterías! He tenido innumerables experiencias relacionadas con la necesidad de utilizar la idea de venganza como solución a mi problema, para luego descubrir que a pesar de toda la venganza que busqué y logré, no podía ser feliz. Entonces de repente, entre todas las ideas que utilizaba para definirme, apareció la necesidad de perdonar, a pesar de no tener la más mínima intención de hacerlo. No necesité una intención de perdonar para que fuera posible. Porque la verdad del caso -escucha esto un momento, luego leo esto otro- es que no hay nada que perdonar. Partiendo del conflicto de tu mente, no hay nada ahí afuera que requiera tu perdón. El encuentro que te estoy ofreciendo, si tú permites que ocurra, va simplemente a extender la luz que traíste contigo cuando viniste, para que puedas cumplir con la función que se te ha asignado, al haber sido elegido para entrar en la misión de la salvación con la dedicación de llevar a cabo el acto que por un momento has olvidado.

La gran amnesia de este mundo -no saber quién eres, o por qué estás aquí, o lo que estás haciendo- está a punto de desaparecer ahora según la luz y el amor que compartimos encuentra una nueva correspondencia en una nueva continuidad de tiempo, en la que empezamos a reírnos de la idea de que este mundo fuera lo que la vida es.

Mira: tú viniste aquí a morir. Y continuarás muriendo hasta que ocurra un cambio en tu mente. Todo lo que puedo hacer en este entrenamiento mental es ofrecerte la certeza de mi amor por ti, no partiendo de la muerte, sino del reconocimiento de la vida. *No hay muerte. Dilo. El Hijo de Dios es libre. Jura no morir santo Hijo de Dios. Has hecho una apuesta* -con la idea de esa forma corporal- *que no puedes cumplir.* Te estoy amenazando con un encuentro, el acto abrumador de admitir tu propia falsedad. ¡Fantástico!

Escucha: *Hacer la Voluntad de Dios perfectamente es el único gozo y la única paz que pueden conocerse plenamente, al ser la única función que se puede experimentar plenamente. Cuando esto se alcanza, ninguna otra experiencia es posible. Desear otra experiencia, no obstante, obstaculiza su logro, porque la Voluntad de Dios no es algo que se te pueda imponer, ya que para experimentarla tienes que estar completamente dispuesto a ello.* Dilo otra vez: "La voluntad de Dios es una experiencia de disposición total".

Ahora, el Espíritu Santo sabe cómo enseñar esto, pero tú no. Esa es la razón por la que lo necesitas y por la que Dios te lo dio. Unicamente Sus enseñanzas pueden liberar a tu voluntad para que se incorpore a la de Dios, uniéndola a Su poder y gloria y estableciendo a estos como tuyos. Los compartes tal como Dios los comparte, porque ese es el resultado natural de su existencia. .

La Voluntad del Padre y la del Hijo son una, por razón de Su extensión. Dicha extensión es el resultado de la unicidad, de la que Ambos gozan, la cual mantiene intacta la unidad de ambos al extender Su Voluntad conjunta. Mira: *Ésta es la creación perfecta de los que han sido perfectamente creados en unión con el Creador Perfecto. El Padre tiene que dar paternidad a Su Hijo, porque Su Propia Paternidad tiene que seguir extendiéndose.* Contémplalo: *Tú, cuyo lugar está en Dios, tienes la santa función de extender Su Paternidad no imponiendo ningún límite sobre ella. Deja que el Espíritu Santo te enseñe cómo hacer esto, pues lo que ello significa solo lo puedes aprender de Dios mismo.*

Un párrafo más: *Cuando te encuentras con alguien recuerda que se trata de un encuentro santo. Tal como lo consideres a él, así te considerarás a ti mismo. Tal como lo trates, así, te tratarás a ti mismo. Tal como pienses de él, así pensarás de ti mismo. Nunca te olvides de esto, pues en tu semejantes o bien te encuentras a ti mismo o bien te pierdes a ti mismo. Cada vez que dos Hijos de Dios se encuentran, se proporciona una nueva oportunidad para salvarse. No dejes de darle la salvacion a nadie, para que así la puedas recibir tú.* Esto viene de Jesús: *Porque yo estoy siempre contigo, en memoria tuya.*

Este es un encuentro casual, ¿no es así? Te estoy encontrando en algún lugar en el tiempo. Y tú me has encontrado. ¿Quieres compartir esto conmigo? Nos hemos conocido antes. El problema que tenemos por habernos conocido antes, a decir verdad, es que solo nos podemos encontrar aquí y ahora. Sin embargo, podemos tener recuerdos de habernos visto antes en el conflicto de la retención del odio que sentimos en el resentimiento que tenemos contra Dios y de hecho, contra todo el mundo.

¿Sigues teniendo aún un resentimiento conmigo? Por supuesto que sí. La condición humana consiste en estar resentido con todo. La idea de tener un resentimiento, por la pérdida de tu necesidad de justificarte a ti mismo, solo puede ofrecerte algo específico para creer que el poder del universo está en conflicto. Y como el conflicto está en tu propia mente, es imposible que no pienses estar en un lugar en el que las ideas de dolor, soledad y muerte constituyen tu realidad aparente. Y nada de eso es verdad.

He venido a un mundo que se niega todo a sí mismo. Esto viene directamente de Jesús en las Escrituras. Sin embargo solo puedo ofrecerte esa certeza a ti de manera individual, porque el mundo es el producto de un resentimiento que mantienes debido a tu incapacidad de localizarte.

La idea de resentimiento es primordial para la idea del perdón porque sin la idea de perdón no puedes saber que la cuna de todo resentimiento reside en tu propia mente. Así, la lección que vimos relacionada con la llegada de la luz, que estás curado y puedes curar, va a intentar mostrarte en una lección posterior que son los resentimientos de tu propia mente conceptual los que te niegan acceso a la luz. Veamos dos minutos más acerca de esto:

El Amor no abriga resentimientos. Tú que fuiste creado por el Amor a semejanza de Sí mismo no puedes abrigar resentimientos y conocer tu Ser. Abrigar resentimientos es olvidar quién eres. Abrigar resentimientos es verte a ti mismo como un cuerpo. Abrigar resentimientos es permitir que el ego gobierne tu mente y condenar el cuerpo a morir.

Quizá aún no hayas comprendido del todo lo que abrigar resentimientos le ocasiona a tu mente. Te hace sentir como si estuvieras enajenado de tu Fuente y fueses diferente de Él. Te hace creer que Él es como aquello en lo que tú piensas que te has convertido, pues nadie puede concebir que su Creador sea diferente de sí mismo. Y en eso radica todo el problema que tienes con ese resentimiento que conservas contra mí.

Nuestra primera media hora de esta segunda hora está a punto de terminar en dos minutos. Espero que en esos dos minutos perdones los reflejos de tu mente al yo ofrecerte la certeza de mi amor. ¿Practicamos diciéndote que me estoy enamorando de ti? Quizá eso pueda hacerte sentir incómodo. Pero la única razón por la cual pudieras sentirte afligido con respecto al poder que tenemos para compartir nuestro amor se debe a tu temor de que sea cierto. Cada vez que nos decimos "Te Amo" tenemos una tendencia a examinar dentro de nuestros resentimientos, cómo pudiera ser verdad. ¿Estás escuchándome? Partiendo de nuestros propios resentimientos no puede ser verdad. Toda esta lección lo que realmente te demuestra es que la condenación no está afuera, sino dentro de nuestra mente. A mí no me conscierne en absoluto lo que tu cuerpo hace. Tampoco me importa cómo tu formulación conceptual te ha hecho pensar que eres un cadáver pudriéndose en la nada, dentro de una matriz de forma de luz que te niega toda la realidad -la cual estás a punto de experimentar a través del amor que sentimos.

Ahora, el haber logrado ese momento de encuentro es lo que es el amor de Dios. Es fascinante ver la curación que acaba de ocurrir aquí porque es algo que surgió en nuestras mentes sin tener nada que ver con nuestros cuerpos.

Volveré en un minuto. Nos quedan unos veintisiete minutos más.

Recuerda que Dios va con nosotros donde quiera que vayamos y que todo ese poder de luz que nos rodea ha acortado la duración de tu jornada a los próximos veintisiete minutos. Digámoslo juntos: "Dios nos bendice a todos y a cada uno", estáte listo para un encuentro santo.

* * * * *

Dios, te doy las gracias por mostrarme que soy íntegro y perfecto tal como me creaste.

El poder iluminativo de las palabras de esta oración dichas para ti y por ti en nombre de Jesucristo, va más allá de cualquier idea contenida en la penumbra de tu identidad humana. Mira: *Nada en este mundo puede compararse, ni siquiera remotamente, con la jubilosa experiencia de sanación que es posible a través de la aplicación del amor de Dios que ellas proveen.* Queremos que uses estas palabras ahora y que dependas de ellas. *Estas oraciones son un vínculo de comunicación directo e inmediato entre este lugar aislado de dolor, pérdida y muerte y la libertad inevitable de la vida eterna, que es el Amor universal de Dios.* [Introducción de *Jesús está orando*]

Así que estoy de vuelta y me sorprendiste leyendo del libro *"Jesús está orando"*. Lo que te va a asombrar del restablecimiento de la comunicación que hemos logrado es la naturaleza de lo que es una plegaria. Sufres por causa de un dilema, obtener los resultados de tu mente. Ese no es el problema. El problema es que, como no tienes idea de quién eres, o de lo que estás haciendo, el momento en que recibes el resultado proveniente de tu propio reflejo, no lo quieres. Y la razón por la que no lo quieres es que los resultados que estás obteniendo son en realidad ideas que has rechazado en tu mente, que pones fuera de ti y que retienen un resentimiento como compensación por tu incapacidad de resolver el problema. ¿Te digo por qué, mente conceptual, ser humano? No quieres que el problema se resuelva porque el conflicto en tu mente, el de tu identidad, es lo que tú eres. Y si yo vengo para cumplir la profecía de mi certeza.... practiquemos: "Este mundo se acabó hace mucho tiempo". La mente que pensó en él no está más en esa mente como tampoco lo estaba en el momento en que pensó estar separada.

Estás en una condición que no tiene causa. Y esa es la razón por la que te lamentas. Porque cuando buscas la satisfacción que surge de tu necesidad de estar separado, es imposible que ésta no represente el resentimiento que mantienes con el fin de tolerar el conflicto de la limitación que aparentemente se te ha impuesto pero que en realidad, no tiene causa alguna. Así que la solución que estamos descubriendo en el amor que sentimos no es otra cosa que un momento de reconocimiento, en algún lugar dentro de la matriz de correspondencia de tiempo secuencial, de que éste fue el momento en el que nos enamoramos por completo, sin tener ninguna necesidad de definirlo dentro de la complejidad -la elaboración de ideas en tus intentos de endulzar relaciones amargas. [Risas del equipo de grabación...] (¡Voy a tener que cortar esta parte! No, no voy a dejar eso ahí. ¡Me pillaste durante la producción!).

Lo que sucede es que cuando nos reunimos en correspondencias... Digamos que somos el Centro de Sanaciones Milagrosas y que nos hemos reunido dentro de una matriz de separación, entonces la luz de amor que generamos nos puede ofrecer correspondencias –esto es lo que llamamos cuántico. O un enredo que compartimos en algún lugar en el espacio/tiempo que viene de repente, nos da dicha en nuestra localización y no nos defendemos. Con esto quiero decir lo siguiente: Si todo el poder se te ha dado en el cielo y la tierra y tú quieres ser un vehículo de comunicación, en lugar de condenar los conceptos de tu mente ahí afuera, simplemente los perdonas y en el proceso de perdonar encuentras la energía del amor. Escucha: de todos modos no había ninguna posibilidad de que pudieras ser capaz de retener y poseer la idea del amor.

Como la mente universal del poder de todo lo que es, es una extensión eterna, es imposible que *no* seas parte de ella. Y la idea de que pudieras localizarte como algo separado está a punto de desaparecer debido a la alegría de este encuentro.

Comenzamos esta última media hora con la idea de la oración. Ahora, la cuestión no es que tus rezos no tengan respuesta; la pregunta es, ¿Qué pides cuando rezas? Todo lo que realmente tendrías que decir es "Padre quiero ser tal como tú quieres que yo sea" en vez de: "Quiero proclamar que estoy separado de ti". E inmediatamente el poder de tu fuerza creadora formaría parte de lo que eres porque *es* lo que tú eres.

Recemos juntos aceptando esto para luego llevar este encuentro en este marco de tiempo y llevar a cabo una conversión importante de este continuo de tiempo - Escucha:

Porque el Padre ama al Hijo y le muestra todas las cosas que Él hace, y le mostrará obras mayores que éstas, para que ustedes se maravillen. Escucha: *Porque así como el Padre resucitó a los muertos y les dio vida, así también el Hijo dará vida de acuerdo a su voluntad.*

Aquí tienes tu declaración de ser libre querido hermano: *Soy el Hijo de Dios, pleno, sano e íntegro, resplandeciente en el reflejo de Su Amor. En mí Su creación se santifica y se le garantiza vida eterna. En mí el Amor alcanza la perfección, el miedo es imposible y la dicha se establece sin opuestos. Soy el Santo hogar de Dios mismo, Soy el Cielo, donde Su Amor reside. Soy Su santa impecabilidad misma, pues en mi pureza, reside la Suya propia.*

Digámoslo juntos: *Traemos buenas nuevas al Hijo de Dios, quien pensó que sufría. Ahora ha sido redimido. Y según ve las puertas del Cielo abiertas ante él entrará y desaparecerá en el corazón de Dios.*

Estoy muy consciente de que tal vez persista en ti un rechazo a mi certeza según aparezco por un momento dentro de la forma obscura. Rechazo en el sentido de que hasta ahora ha sido muy difícil para ti ver el alcance de lo que te ofrezco. La razón por la cual esto es verdad es porque en cierto sentido, hasta ahora, no lo has visto por estar empeñado en mantener ese resentimiento. Lo que realmente has aprendido de mí es que cualquier idea de resentimiento, enfermedad, soledad, dolor o muerte da testimonio de la muerte. ¿Te acuerdas? La muerte es una idea que tienes acerca de ti mismo -eso es lo que el resentimiento es. Es una idea que toma muchas formas, ¿no es así? Todas las formas de tu mente conceptual, en cualquier momento, justifican el resentimiento que tienes contra tu hermano, contra este mundo y contra Dios.

Ahora, en este preciso momento, te he demostrado por medio de la acción de mi mente, lo que es el perdón. La presencia del amor en nuestra comunicación fue el factor de curación que te permitió solo por un momento, dejar de estar conectado a... -¿de qué hablamos en la primera hora?– de la artritis.

Cuando ocurre un milagro, a veces te es difícil ver que las cosas se han reacomodado dentro de la ilusión. Mira mi mano, ésta es la mano que aún en tu propia matriz de correspondencia puedes creer que tiene setenta y seis años de edad. Eso es una locura. Vamos, ¡yo no sé qué significa "setenta y seis años"! Al parecer, es tu idea de estar en este pequeño planeta, yendo alrededor del sol y que le has dado la vuelta setenta y seis veces -¿en un universo que tiene catorce mil millones de años? Y yo te estoy enseñando que tú tan solo duraste un segundo. Y que tu nanosegundo es una billonésima de segundo, por lo que vas a estar aquí mil millones de años para poder estar aquí por ese segundo.

Te estoy demostrando que es hora de irnos. No porque yo lo diga, sino porque es el momento de partir, ya que es el único momento que es total, incluído en la idea de separación, y ya la solución ha sido ofrecida y ha sido aceptada.

De manera que lo que te estoy ofreciendo, emanando de la mente de la resurrección de la asociación corporal de Jesús, no es más que toda la correspondencia de tu asociación corporal con tu hermano, en la que te fundes en una sola identidad, donde el resentimiento contra Dios y contra tu hermano desaparecen.

Le prometí a Él que leería dos oraciones más acerca de tu condición humana, y tú puedes decidir que ya no la quieres más. Recuerda que la luz ha llegado; que puedes sanar y que vas a sanar. Escucha esto:

Escindido de tu Ser, el Cual sigue consciente de Su semejanza con Su Creador, tu Ser parece dormir, mientras que la parte de tu mente que teje ilusiones mientras duerme, parece estar despierta. ¿Podría ser todo esto el resultado de abrigar resentimientos? ¡Claro que sí! Ya lo creo. *Pues aquel que abriga resentimientos niega haber sido creado por el Amor y en su sueño de odio, su Creador se ha vuelto algo temible. ¿Quién podría tener sueños de odio y no temer a Dios?*

Un párrafo más, escucha: *Es tan cierto que aquellos que abrigan resentimientos forjarán una nueva definición de Dios de acuerdo con su propia imagen, como que Dios los creó a Semejanza de Sí Mismo y los definió como parte de Él. Es tan cierto que aquellos que abrigan resentimientos sentirán culpabilidad, como que los que perdonan hallarán la paz.*

Es igualmente cierto que aquellos que abrigan resentimientos se olvidarán de quienes son, como que los que perdonan lo recordarán.

Mírame: ¿Te vas a enojar por mi mensaje? No importa. Si no has llegado a aceptar la idea de yo estar apareciendo dentro de tu propio sueño diciéndote que mientras mantengas un resentimiento no te vas a poder escapar. Espero que hayas avanzado lo suficiente para al menos admitir que el resentimiento que tienes es contra ti mismo. Es decir, como las ideas no abandonan su fuente, de manera fundamental, y la mayoría de ustedes ya lo han admitido de manera conceptual, el resentimiento que están manteniendo contra ustedes mismos se trata de hecho de su determinación a identificarse como separados de su propia fuente de creación. ¿De acuerdo?

Veo como luchas reteniendo tus resentimientos en tu *Show de Oprah* de la nada, intentando redefinirte dentro del resentimiento pero sin renunciar a él. Porque si abandonaras el resentimiento, podrías y descubrirías en tu plenitud el Reino de Dios, del cual eres parte integral. No sé si sabes lo que es el *Show de Oprah*. ¡No tengo idea de lo que quieres decir con eso! Lo que realmente quiero decir es que te reúnes con otros para compartir la necesidad del conflicto del dolor y la muerte para luego llamarlo amor. Eso no es amor. Es conflicto y muerte. Deja de depender de la necesidad de retener el resentimiento en tu mente, y serás capaz de perdonarme por mi intransigente mensaje. Lo que creas que soy, en tu asociación con tu ego, contigo mismo, te negará siempre el acceso a todo el amor que te estoy ofreciendo, sencillamente porque lo único que hay es amor. Y el conflicto que sientes, en tu necesidad de aferrarte a tu propia identidad y de sufrir las consecuencias de tu propia terminación, hará que creas en tu mente dividida, que al yo ser parte de tu mente debo estar compartiendo tu conflicto.

He entrenado decenas de nuevas asociaciones en la práctica del auto-reconocimiento por la cual en un momento de perdón, el único reflejo que recibieron fue un resentimiento que tenían consigo mismas el cual justificaban debido a la culpa por identificarse como tal.

Eres íntegro y perfecto tal como fuiste creado y no tienes absolutamente nada que decir al respecto. Soy una imagen de correspondencias, dentro de tus conceptos, que te dice que eso es verdad y yo no tengo absolutamente nada que decir al respecto. Porque podemos compartir un momento en el que deshacemos nuestra necesidad de identificarnos en separación.

Jesús -el salvador de esta correspondencia y a quien le he ofrecido toda mi lealtad dedicándome, por medio de mi propia revelación a ofrecer una continua resurrección- lo expresa de una manera particular en su *Curso de Milagros*. Me va a tomar alrededor de tres minutos y medio, tal vez cuatro, pero quiero que lo escuches mirando la idea de que en realidad es el poder del amor el que compartimos juntos, el cual va un poco más allá del encuentro santo hasta la idea de la indefensión la cual será representada en su resurrección. ¿Quieres escucharlo?

El viaje de retorno, Capítulo 8 en el Texto: *Si lo que la Voluntad de Dios dispone para ti es paz y dicha absolutas, y eso no es lo único que experimentas, es que te estás negando a reconocer Su Voluntad. Su Voluntad no fluctúa, pues es eternamente inmutable. Cuando no estás en paz ello se debe únicamente a que no crees que estás en Él. Mas Él es el Todo de todo. Su paz es absoluta, y tú no puedes sino estar incluido en ella. Sus leyes te gobiernan porque lo gobiernan todo. No puedes excluirte a ti mismo de Sus leyes, si bien puedes desobedecerlas. Si lo haces, no obstante, y solo en ese caso, te sentirás solo y desamparado, porque te estarás negando todo.*

¿Por qué querrías negarte todo a ti mismo, excepto debido al miedo que le tienes al poder de la mente que te estoy ofreciendo? Con razón la humanidad rechaza esto. Es una idea del poder de las mentes separadas el mantenerse en la pequeñez -la increíble pequeñez del marco de energía de luz- la cual no tiene absolutamente ningún significado en la correspondencia. Esto viene de Jesús; esto es evidencia de toda esta enseñanza, y quiero que lo compartas conmigo y que lo leas para ti mismo en primera persona. Recuerda cuando leímos a San Juan, capítulo 17 y Jesús mencionó que tú eras su propio Ser. Esto estará expresado en primera persona en ese texto, pero quiero que lo leas, y al leerlo quiero que lo hagas como una declaración tuya. Escucha:

He venido como una luz a un mundo que en verdad se niega todo a sí mismo. Hace eso simplemente al disasociarse de todo. Dicho mundo es, por lo tanto, una ilusión de aislamiento, que se mantiene vigente por miedo a la misma soledad que es su ilusión. Os dije que estaría con vosotros siempre, incluso hasta el final del mundo. Por eso es por lo que soy la luz del mundo. Si estoy contigo en la soledad del mundo, la soledad desaparece. ¿Estás escuchando a Jesús? No puedes mantener la ilusión de soledad si no estás solo. Mi propósito, pues, sigue siendo vencer el mundo. Yo no lo ataco, pero mi luz no puede sino desvanecerlo por razón de lo que es. La luz no ataca la obscuridad, pero la desvanece con su fulgor. Si mi luz va contigo a todas partes, tú desvaneces la obscuridad conmigo. La luz se vuelve nuestra, y ya no puedes morar en la obscuridad tal como la obscuridad no puede morar allí donde tú vas. Mira: Acordarte de mí es acordarte de ti mismo, así como de Aquel que me envió a ti.

Estabas en las tinieblas hasta que una parte de la Filiación decidió acatar completamente la Voluntad de Dios. ¿De qué otra manera sino habría podido lograrse perfectamente? Mi misión consistió simplemente en unir la voluntad de la Filiación con la Voluntad del Padre, al ser yo mismo consciente de la Voluntad del Padre. Ésta es la consciencia que vine a impartirte, y el problema que tienes en aceptarla es el problema de este mundo. Mira: *Por lo tanto, el mundo no puede sino aborrecerme y rechazarme, ya que el mundo es la creencia de que el amor es imposible. Si aceptases el hecho de que yo estoy contigo estarías negando al mundo y aceptando a Dios. Mi voluntad es la Suya y tu decisión de escucharme es la decisión de escuchar Su voz y de hacer Su Voluntad. De la misma manera en que Dios me envió a ti, yo te enviaré a otros. E iré a ellos contigo, para que podamos enseñarles paz y unión.*

La posibilidad más emocionante que yo pudiera experimentar en mi propia revelación es el que te descubras a ti mismo junto a una disposición de aceptar la misión de este *Curso de Milagros*. Lo que acabamos de leer es una demostración tan vívida de Jesús en las Sagradas Escrituras que la mayoría de nosotros hemos llegado al punto en el que ya no sentimos ninguna necesidad de simplemente negar la esencia del requisito de perdonarnos.

Obviamente, te estoy hablando desde una mente teniendo la experiencia de revelación, en la cual encuentro correspondencia dentro de la idea de obscuridad. Ahora, la luz de mi mente disipa la obscuridad -acabamos de leerlo juntos - y me cualifica por completo como un salvador a través del poder de la mente de Dios, el cual podemos compartir en un momento excepcional de correspondencia de luz, en la consciencia de que cada uno de nosotros, por separado, trajo consigo desde el cielo, la luz del universo. Es por eso que leemos juntos, *Eres la luz del mundo*. La activación de luz que está ocurriendo en tu forma corporal en este momento te impartirá un momento de perfección por medio de Su mente, y ahora a través de nuestras mentes, y me permite representarte un cuerpo perfecto en este marco de tiempo.

El Poder de la mente. ¿Me puedes decir esto? "Soy un cuerpo perfecto". Por supuesto, ¿cómo podrías no ser perfecto si eres parte integral de la voluntad de Dios? La idea de que esto pudiera seguir siendo una ilusión no puede ni cambiarme ni preocuparme, porque en cualquier momento puedo ver toda nuestra correspondencia dentro del tejido de luz que previamente definía la noción de que tuviéramos cuerpos separados.

Míralo conmigo, soñador del sueño: El único requisito de mi ofrecimiento a ti, dentro de tu propio sueño en este Adveniminiento a un gran despertar es reconocer tu propia responsabilidad sin preocuparte por el mundo. Y según asciendes a la cúspide de tu propia identidad, todos aquellos que mantuviste anteriormente en conflicto en tu mente no pueden sino entrar contigo, sencillamente, porque ya están en tu mente. Y al tú cambiar tu manera de pensar, es imposible que ellos no cambien contigo, porque Dios va con nosotros a donde vayamos en esta renovada expectativa de volvernos a enamorar. Y en la expresión de poderlo mantener en nuestros corazones, sin preocuparnos del mundo, podemos experimentar un momento de conversión de la separación, en la que este mundo sucumbe en la nada que ya es.

¿Quieres decirlo conmigo a medida que nos vamos de este continuo de dolor y muerte? "Dios nos bendice a todos y cada uno," según ascendemos al Reino.

Gracias por compartir mi intransigente determinación de que toda la fuente de realidad sea parte integral de las asociaciones que compartimos. Te veré muy pronto.

CUARTO ENCUENTRO

El Amor es algo espléndido

"Solo para ti"

Tenemos aquí una referencia particular que voy a tratar de enseñar. Me preguntaron si el amor era una cosa espléndida y lo miré en mi mente y dije, ¿te refieres al Amor? Este amor es una cosa espléndida y la referencia que recibí de mi salvador Jesús, quien me dio una dirección particular a seguir... ¿Puedo continuar?

La verdad es que me alegra estar contigo presente en estas circunstancias. Y continúo con la idea de utilizar la palabra 'Amor'. Con tu gentil consentimiento la voy a utilizar de una manera muy particular, debido a la idea amplia que tienes acerca de ti en tu dedicación a la solución de lo que somos según nuestras mentes experimentan esta dichosa experiencia de resurrección. Me siento afortunado, y si me lo permites como maestro de Dios, voy a utilizar una referencia solo por un momento. Estuve ausente en una elevada misión fuera de esta facultad y Jesús está con nosotros, como sabes, y con la idea de su presencia -él está ahora con nosotros- te hablaré un poco sobre el Amor.

El Amor, y cuando llegamos estábamos cantando *El amor es algo espléndido...* Miremos con rapidez -Jesús está aquí con nosotros- el pequeño guión que voy a tratar de representar por una corta secuencia de tiempo. Te agradecería mucho si liberaras un poco tus ideas acerca de retraerte, quizá, con respecto a lo que siento ahora mismo por ti. La verdad del asunto es que mis sentimientos hacia ti en este momento provienen de una mente íntegra, una mente iluminada, (en nuestro caso) la mente de Jesús. Así que él te va a leer sobre una manera particular en la que, tal vez, tú puedas reconocer lo encantador que me pareces.

En este momento de mutua dedicación, la mayoría de ustedes ya tuvieron la oportunidad de verme como un ministro, en mi determinación, en mi regreso a esta referencia de espacio/tiempo que estamos empezando a encontrar a nuestro hermano Jesús por todas partes y que almorzamos juntos hoy y yo le dije: "¿Qué énfasis debería empezar a poner ahora que estamos empezando a ver facultades de reconocimiento?". Me miró y me dijo en arameo, "Rakhma rakhma..." lo cual significa Amor. Enseña solo Amor, porque eso es lo que eres, eso es lo que eres, eso es lo que eres, lo que eres. ¿Quieres escucharlo?

Te Amo. Tal como el Padre me ha amado, así los he amado yo: permanezcan en mi amor. Amarás al Señor tu Dios con todo tu corazón, con toda tu alma, con todas tus fuerzas, con toda tu mente, y a tu prójimo como a ti mismo. Vengan a mí todos los que están cansados y agobiados, y yo les daré descanso. Porque yo voy a darte la serenidad que estoy sintiendo por ti ahora mismo, porque te amo.

Escucha: V*engo a ti de parte de nuestro Padre a ofrecerte todo nuevamente. Amo todo lo que Él creó y le ofrezco toda mi fe y todo el poder de mi creencia. Mi fe en ti es tan inquebrantable como el amor que le profeso a mi Padre. Mi confianza en ti es ilimitada, y está desprovista del temor de que tú no me oigas,* que no me oigas. *El significado del amor es tu propio significado, el cual Dios Mismo comparte. Pues* *lo que tú eres es lo que Él es. No hay otro amor que el Suyo, y lo que Él es, es lo único que existe.* Escucha: *Eres tal como Dios te creó.* Míralo conmigo: *Y así es todo aquello en que posas tu mirada a pesar de las imágenes que crees ver.* Independientemente de las imágenes que aparentemente ves en correspondencia con nuestra necesidad de determinar resultados en nuestra mente.

La simple verdad del caso es que Dios es Amor, y todos vamos a estar incluidos en su amor, sin importar las condiciones en que nos encontráramos previamente y la posible creencia de que pudiera haber un lugar distinto del que nos estamos viendo en este momento, porque la manera como nos estamos viendo ahora es lo que el amor es. ¿No es así? El amor es esto. Esto es lo que el amor es.

Deja que el Amor de Dios irradie sobre ti mediante tu aceptación de mí. Mi realidad es tuya y Suya. Cuando unes tu mente a la mía, estás proclamando que eres consciente de que la Voluntad de Dios es una.

Aquí vamos: *¿Quieres saber lo que la Voluntad de Dios dispone para ti?* Aquí está: *Pregúntamelo a mí que lo sé por ti y sabrás. No te negaré nada, tal como Dios no me niega nada a Mí. Nuestra jornada es simplemente la de regreso a Dios que es nuestro hogar.*

La alegría con la que expreso mis sentimientos acerca de nosotros en este momento se debe a la simple admisión de todos estar conscientes de la idea de haber estado en un largo viaje, un viaje muy largo, una larga travesía, un viaje en el que buscamos la verdad y encontramos un poco de amor para luego perderlo. Encontramos un poco de amor y luego lo perdimos.

Su reaparición aquí ahora con nosotros demuestra un nuevo factor de luz que previamente no estaba, y aunque lo habíamos visto en algunos de nuestros grados de intervalos de luz, siempre parecía perderse de nuevo. ¿No fue así? ¿Fue así? Ahí está de nuevo. Estos son los mensajes de nuestro salvador.

Estas son las ideas que siempre hemos querido oír acerca de cuán inevitable es un momento perfecto de reconocimiento de nuestro ser estando juntos en la idea íntegra de que, si bien parecemos ser identidades de consciencia dentro de este pequeño lugar de espacio y tiempo, siempre hubo en algún lugar dentro de nosotros una idea de que tenía que haber, tiene que haber, dentro de mí, algo en lo que yo pueda reconocerme en un nuevo lugar en el espacio/tiempo, porque ahora estoy consciente de la idea en este mensaje, en esta Escritura, que mi salvador Jesús ha dado de que, realmente, hay otro mundo, y ese otro mundo puede ser el mío, porque las instrucciones que se me han dado relacionadas con lo que el amor es han sido incluídas en la manera como ahora captamos atisbos de la dicha que experimentamos por la relación que tenemos unos con otros.

Ah, te ves radiante, gracias. Gracias nuevamente. Lo que está ocurriendo en el acontecimiento del regreso de Jesús a este ciclo de tiempo es sencillamente un aumento en la frecuencia de lo que aparentemente decimos es alegría, felicidad y paz, las cuales en realidad eran siempre parte del esfuerzo que llevabas a cabo tanto para encontrar como para negar el acceso que en realidad tienes con respecto a lo absolutamente inevitable de estar compartiendo juntos la luz brillante de una fuente de realidad singular que es lo que somos -lo que somos, lo que tú eres.

Jesús esta aquí, obviamente, y lo que te estoy leyendo viene de su mente hacia la tuya...hacia la tuya...la tuya.

El viaje a Dios es simplemente el redespertar del conocimiento de dónde estás siempre y lo que eres eternamente.

Yo te daré la lámpara y te acompañaré. No harás este viaje solo. Te conduciré hasta tu verdadero Padre, Quien, como yo, tiene necesidad de ti. "Quien, como yo, tiene necesidad de ti". ¿Quieres que te diga por qué? Porque nuestro Padre nos ama. Y aunque pareciera que nos hubiéramos separado en la idea de nuestra búsqueda de paz y felicidad, nuestro Señor Dios no discrimina en absoluto en su determinación de expresar el amor que te ofrece y está también determinado a que en tu aceptación de ese amor por medio de Jesús, mi salvador, tengamos el poder de decidir lo que queremos ver en nuestra mente con respecto al amor, la decisión es nuestra, es nuestra decisión... la tenemos que tomar según el eco de luz va alcanzando un nuevo nivel de energía el cual impartirá en muchos de nosotros gran felicidad.

Quizá estés al tanto de esta referencia particular en la que vine en la que Jesús y yo estuvimos juntos aquí por un rato, como del hecho de que él está alterando de manera continua las frecuencias de luz que utilizas para expresarte conceptualmente. La verdad del caso es que cada vez que expresas lo que piensas, tienes disponible otro tú y hasta que no reconozcas quién es ese otro tú que de hecho está caminando contigo en este viaje, Jesús permanecerá aquí con nosotros... Jesús estará aquí con nosotros... con nosotros... con nosotros.

Recuerda, *"Te di la lámpara" Y te conduciré a tu verdadero Padre, Quien, como yo tiene necesidad de ti. Tu Padre te ama. El mundo del dolor no es Su Voluntad. Perdónate a ti mismo el pensamiento de que eso fue lo que Él deseó para ti.* Mira: *No puedes entender lo mucho que tu Padre te ama* ... No puedes entender lo mucho que tu Padre -el viaje que estamos ahora completando- realmente te ama, *porque no hay nada comparable en la experiencia del mundo que te ayude a entenderlo.* Escucha conmigo: *No hay nada en este mundo con lo que lo puedas comparar, y nada que alguna vez hayas sentido aparte de Él se puede asemejar remotamente a ello.* "No se asemeja en lo más mínimo." Oh, eso fue hermoso, no por algo en particular. Así que la jornada en la que vamos a asumir la idea de un nuevo reflejo de luz, al estar ahora determinada por nuestro reconocimiento mutuo, es en cierto sentido como una especie de idea condensada relacionada a una asociación privada en tu mente. ¿Miramos por qué? El impulso de la conversión de tu mente va a venir inevitablemente de la simiente que utilizas para reconocerte a ti mismo.

En la medida que la energía del amor comienza a aumentar en intensidad, a muchos de nosotros nos resulta difícil validar el poder estar sintiendo tanto amor y tanta alegría cuando al asomarnos a este mundo y ver toda la aparente muerte y tragedia que nos rodea no parece haber razón aparente para sentirnos felices -y es que el otro mundo vive en nosotros en este momento y nos está ofreciendo continuas conversiones de lo que queremos ver en nuestra mente. En esta última jornada que duró ese ciclo de tiempo, empezamos a encontrarnos más y más aquellos que han decidido emprender con nosotros lo inevitable de un camino que se podría lograr dejando esta asociación de luz y viajando hacia el universo, por entender que era algo que nos tocaba hacer.

Ahora, una vez esta determinación entró en vigor en nuestra mente se convirtió en algo incondicional en el sentido de siempre haber otra cosa que podíamos escuchar, que la mente y la voz de Jesús nos ofrecía según nos hablaba directamente con respecto al amor que sentimos unos por los otros. De manera que esta pequeña pausa de amor fue una promesa que en el día de hoy decidimos compartir al venir a este escenario.

Este pequeño video, esta corta cinta de audio que estamos intercambiando... Para muchos, para muchos de ustedes ahora, la idea de que Jesús esté apareciendo en todo este continuo es expresada por medio de historias milagrosas que se cuentan unos a otros, donde de pronto aquellos que sufrían un intenso dolor, soledad y abatimiento dicen de repente, "Espera, he escuchado una voz, he escuchado algo en mi mente que me hablaba, he escuchado una instrucción que se me ha dado de parte de un espíritu íntegro de energía al que no le preocupa en absoluto lo que parezco ser en esta capacidad que he asumido".

Así que esta pequeña pausa de amor tiene que ver más con la energía de luz que te expreso en el reconocimiento de que de pronto nuestro prójimo, los hermanos, los enemigos, aquellos que odiábamos y detestábamos eran solamente ideas que teníamos acerca de nosotros mismos en nuestra mente, y que ahora el amor está empezando a venir directamente de la idea de estar acompañados por Jesús.

Lo miramos por un momento y él dijo, "Sé un poco conciliador", porque su práctica siempre va a ser la de confrontarte *a ti*, no a otra persona. Confía en mí -mi salvador Jesús no tenía idea de las alteraciones de conciencia que te han permitido formular ideas continuas en el espacio/tiempo. Esa no es la forma como la mente piensa. La manera como tu mente piensa consiste en comparar de forma eterna y continua ideas de tu auto-concepto que utilizas para amar otras asociaciones en contraposición a la totalidad de tu Ser por el que amas otras asociaciones.

Sí, fue algo espléndido y está ahora pasando rápidamente en la conversión. Se trata del amor de Jesús ¿verdad? Escucha. Recuerda: No hay nada en este mundo con lo que se pueda comparar (tu amor) *y nada que tú hayas sentido antes se le parece ni remotamente.*

La Voluntad de Dios para ti es perfecta felicidad. Solo el amor de Dios te protegerá en toda circunstancia. Te rescatará de toda tribulación y te elevará por encima de todos los peligros que percibes en este mundo a un ambiente de paz y seguridad perfectas.

Lo único que te pido es esto: Que te sientas aliviado y que no vivas más en el terror, el dolor, la soledad y la muerte que ocurren en tu forma corporal. Te pido que no abandones el amor.

Traigo a vuestros cansados ojos una visión de un mundo diferente... un mundo diferente... *tan nuevo, depurado y fresco que os olvidaréis de todo el dolor y miseria que visteis. Este mundo está repleto de milagros. Se alzan en radiante silencio junto a cada sueño de dolor y sufrimiento, de pecado y culpabilidad. Alegrémonos de poder caminar por el mundo* en el poco tiempo que nos queda, *y de tener tantas oportunidades de percibir nuevas situaciones* (otra idea acerca de nosotros mismos) *donde el regalo de Dios (el Amor) se puede reconocer otra vez como nuestro.* ¿Te digo por qué esto es verdad?

En ti reside el Cielo en su totalidad. A cada hoja seca que cae se le confiere vida en ti. Cada pájaro que jamás cantó cantará de nuevo en ti. Y cada flor que jamás floreció ha conservado su perfume y su hermosura para ti.

Esto viene de nuestro salvador Jesús: *Dios te da las gracias a ti, Su Hijo, por ser lo que eres,* por ser lo que eres: *Su propia compleción y la Fuente del amor junto con Él. Tu gratitud hacia Él es la misma que la Suya hacia ti. Pues el amor no puede recorrer ningún camino que no sea el de la gratitud, y ese es el camino que recorremos los que nos encaminamos hacia Dios.* Escucha: *No caminas solo. Los ángeles de Dios revolotean a tu alrededor, muy cerca de ti.* Él es el amor que compartimos. *Su amor te rodea, y* con Jesús, *de esto puedes estar seguro: Yo nunca te dejaré desamparado* o sin toda la ayuda que necesitas al respecto. Él está aquí ahora ¿verdad? Junto a nosotros. ¿Quieres compartir conmigo la radiante conversión que está ocurriendo ahora en tu mente con respecto a esta idea íntegra de Dios estar en realidad con nosotros y de que la voz que estamos escuchando esté en realidad en nuestra mente? ¿Tal vez no era necesario expresarlo? ¿Te digo por qué? La comunicación que se está llevando a cabo entre mentes tomando consciencia de las ideas que componen su auto concepto está ocurriendo en nuestra mente, no afuera en el mundo.

Mi descubrimiento de ti, aquí mismo, en nuestra relación con Jesús, quién está aquí con nosotros -él acaba de llegar, gracias- se trata de la idea de que en la posibilidad de una idea, tú llegaste por casualidad y yo estaba almorzando con mi salvador Jesús. Hay informes que llegan de cómo muchos de ustedes están dejando un espacio vacío. Una de nuestras más antiguas tradiciones cristianas era la de preparar un lugar adicional al poner la mesa. Y muchos de ustedes ahora están reportando a nuestro satélite en el que vamos a reproducir toda la historia de la reaparición de Jesús, cómo, de repente, en un dramático incidente Jesús entra y se sienta con nosotros. Y nos da las gracias por haberlo invitado. ¿Lo puedes ver?

Cuando entré en este ciclo, traje conmigo la energía del amor que había sentido en mi asociación con Jesús. Escúchame tú, mente conceptual. Una vez que la mente de Jesús comienza a compartir contigo la certeza de su cercanía en la que lo has amado con tu corazón, tu mente y tu alma, de repente amas a tu prójimo. ¿Te das cuenta de cuánta alegría hay en lo que está ocurriendo ahora en este nuevo continuo de tiempo? En un momento va a haber otro huésped al que vamos a invitar a entrar. ¿Te parece bien?

Hay tanta conversión ocurriendo en el mundo que es imposible expresarlo de manera conceptual. Pero tú lo mantienes en tu corazón, ¿lo harás? Vuelvo en un momento. Aquí estoy. Vuelvo enseguida. Voy a dejarte por un momento. Dios nos bendice a cada uno de nosotros. Él viene. Quédate ahí ¿lo harás? Me habré ido por un minuto y estaré de vuelta.

****

Regresé. Regresé. Al llegar, ustedes cantaban juntos en este intermedio frente a la cámara, y cantamos juntos:

Te amaré siempre,
Con un amor auténtico siempre.

Cuando hagas planes
Y necesites ayuda,
Te apoyaré siempre.
Quizá los días no sean claros siempre,
Ahí es cuando estaré siempre,
No por solo una hora,
No por solo un día,
No por solo un año,
Sino, siempre.

Gracias por tolerar mi esfuerzo de mostrarte la alegría que siento al expresar, en un libreto, mi determinación de estar contigo siempre sin importar en absoluto lo que parezco ser en este factor de mi mente. ¿Te digo por qué? Estamos compartiendo juntos de manera individual, en lo que parece ser una formulación corporal, el haber estado buscando fuera de nosotros una respuesta al problema que nos acosa en el sentido de que parecemos ir por ciclos de tiempo en nuestra mente en los que la evidencia que estamos buscando de alguna manera se disipa y empezamos a perder el amor que teníamos, y se nos dice que esa es la naturaleza de las cosas.

Mi salvador Jesús, desde el momento en que estuvo en este ciclo dijo: "La naturaleza de las cosas no es esa. Tú eres íntegro y perfecto tal como fuiste creado". Y esa certeza es lo que le da significado a "siempre". Esa certeza en ese momento de dicha conllevó una completa conversión en tu mente con respecto a lo que pensabas que eras.

Estoy empezando a encontrar fuera de este marco de referencia de tiempo cada vez más evidencia del surgimiento del principio de energía que se manifestó en la especie en la idea del hombre y su conversión de su forma corporal a la resurrección de la naturaleza de lo que él en realidad es.

Sí, se trata de siempre. Es para siempre. Escucha acerca de "siempre": *Bienaventurados los que tienen hambre y sed de justicia: porque serán saciados.*

No te dejaré sin consuelo. Vendré a ti. Y ese día sabrás que Yo estoy en mi Padre, y tú en mí y Yo en ti. Escucha: *"Yo estoy contigo siempre, hasta el final del mundo".* Aquí va Jesús. *Cuando dije "Estoy siempre con vosotros", lo dije en un sentido muy literal. Jamás me aparto de nadie en ninguna situación* – en ninguna situación. *Y puesto que estoy siempre contigo, tú eres el camino, la verdad y la vida.* Míralo conmigo: *Mi mente siempre será como la tuya porque fuimos creados iguales. Fue solamente la decisión que tomé,* la que ahora estamos compartiendo, *lo que me dio plena potestad tanto en el Cielo como en la tierra. El único regalo que te puedo hacer es ayudarte a tomar la misma decisión.* ¿Puedes verlo? El regalo que tengo para ti es ayudarte a tomar la misma decisión que yo tomé. Míralo, te das cuenta por qué es tan necesario en este momento en el espacio/tiempo continuar tomando la decisión, sencillamente porque el poder de decisión en el factor de mi concepto es uno, y es ahí, literalmente, donde decreto los resultados que quiero con respecto a donde me encuentro en esta identidad corporal.

En la resurrección de Jesús, las instrucciones que hemos aceptado –usemos el sermón de la montaña– consisten sencillamente en reconocer que teníamos el poder de decidir con respecto a lo que queríamos ver sobre nosotros en ese momento...en ese momento...en ese momento. Gracias.

Muchos de ustedes andan por ahí con esa idea de una historia que se ha estado contando sobre el satélite y los milagros que están empezando a ocurrir en su repentina aparición... en su aparición...en su repentina aparición. ¿Están listos? ¿Enseñamos sobre esto por un minuto? Voy a enseñar.

Me llaman el Viejo. Yo seguí unas instrucciones. He pasado por el mismo dolor, soledad y muerte que nuestro salvador Jesus pasó y el que tú pasaste también, porque es imposible que las decisiones que estoy tomando y que he tomado no fueran correspondencias que me mantuvieran atrapado en la idea de ser una forma corporal.

En la reaparición de Jesús en su resurrección y ahora en tu propia redefinición, todo lo que me dices realmente es: Estoy renaciendo en mi mente debido a la idea de una nueva luz radiante que estará conmigo en este escenario de luz.

Quiero decirles algo, en caso de no tener otra oportunidad, ya que muchos de ustedes están dejando este ciclo de tiempo por completo. Quiero expresar mi gratitud por la perseverancia ya que una vez él alumbró tu mente tal como lo hizo con muchos de nosotros, cuando de momento no pudimos encontrarlo, algunos de nosotros perdimos confianza en la idea de que él estuviera allí. Él siempre estuvo allí, pero tuvimos momentos en los que quizá nos asustamos por la luz que de repente empezaba a ascender o descender en nosotros en esta alternativa, pero él está aquí y está ahora compartiendo su camaradería, su cercanía con todos nosotros, con todos.

Escucha. Recuerda: El único regalo que te puedo hacer es ayudarte a tomar la misma decisión de haber sido creados iguales. *Inherente a esta decisión es la decisión de compartirla, pues la decisión en sí, es la decisión de compartir. Se toma mediante el acto de dar, y es por lo tanto, la única alternativa que se asemeja a la verdadera creación.* Escucha. Jesús te va a recordar: *Yo soy tu modelo a la hora de tomar decisiones. Al decidirme por Dios te mostré que es posible tomar esta decisión, y que tú la puedes tomar. Mira: Mi parte en la Expiación no está completa hasta que te unas y la compartas.* ¿Por qué? *Porque por tu cuenta no puedes hacer nada, por tu cuenta* como ser humano, *no eres nada. Míralo conmigo: Yo no soy nada sin el Padre y tú no eres nada sin mí*, porque al negar al Padre en realidad te estás negando a ti mismo.

Tú forjas un concepto de ti mismo. Míralo conmigo, esto viene directamente de Jesús: *el cual no guarda semejanza alguna contigo. Es un ídolo, concebido con el propósito de que ocupe el lugar de tu realidad como Hijo de Dios. El concepto que ahora tienes de ti mismo,* como ser humano, *garantiza que tu función aquí,* en el espacio/tiempo, *sea por siempre irrealizable e imposible de llevar a cabo.* Escucha: *Y así, te condena a una amarga y profunda sensación de depresión y futilidad. Pero, no hay necesidad de cambiarlo, a menos que tú elijas* (decisión en tu mente) *ubicarlo más allá de la esperanza de cambio y lo mantengas estático y oculto dentro de tu propia mente.*

El secreto de la salvación no es sino éste: que eres tú el que se está haciendo esto a sí mismo. No importa cuál sea la forma de ataque, esto sigue siendo verdad. Escucha: *No importa quién desempeñe el papel de enemigo o quién el de agresor, esto sigue siendo verdad. No importa cuál parezca ser la causa de cualquier dolor o sufrimiento que sientas, esto sigue siendo verdad.* Todo sigue originándose en tu propia mente.

Tu objetivo es encontrar quién eres, luego de haber negado tu identidad atacando a la creación y a su Creador. Y ahora quizá estés listo para escuchar. *Ahora estás aprendiendo a recordar la verdad. Para ello, el ataque tiene que ser reemplazado por el perdón, de manera que pensamientos de vida puedan reemplazar a los pensamientos de muerte* -los pensamientos que has estado teniendo acerca de ti, tal como muchos de nosotros ahora afirmamos; sobre la destrucción del cuerpo, el dejar el cuerpo, el dolor, la soledad, la confrontación en la que el cuerpo nos mantiene con la idea de que yo deba compartir contigo mi formulación corporal en una identidad de lo que creo ser.

En esta nueva frecuencia de luz la cual está siendo representada por nuevas decisiones que estamos dispuestos a tomar hemos acordado que la decisión sea diferente. Escucha conmigo. Esta es la mente de Jesús. Practica conmigo, ve poco a poco. Mira de nuevo. Mira de nuevo... hum... mira. En este nuevo escenario has descubierto por el poder de tu propia mente que tenías ideas fijas acerca de tu concepto y que habían resultados que querías fueran verdad, y que tú, inevitablemente, luego tuviste que utilizar ideas acerca de ti que reconoces como técnicas que has estado utilizando con el fin de verificar una acumulación dentro del concepto que tienes acerca de ti.

El tener a mi salvador Jesucristo disponible en una nueva identidad para ti en su mente iluminada y ahora en la mía y en la tuya dentro de tu concepto no es otra cosa que la ampliación de otra idea acerca de ti que vas a tener disponible si liberas por medio del perdón la técnica defensiva y conceptual que utilizas con el fin de negarte acceso a la luz brillante –esa radiante luz que tan solo por un momento te alivió de la necesidad de aferrarte a ese conflicto de identidad en tu mente.

Aquellos de nosotros ahora involucrados en este procedimiento, en este esfuerzo en la tierra, estamos empezando a descubrirnos al reconocer esta idea en nuestra mente. Gracias por eso. Sí, veo que acabas de tener un atisbo de luz. Esto es hermoso. El destello de luz que estamos compartiendo no viene de nuestros cuerpos. ¿Vamos a compartir por qué? La luz original de nuestra formulación corporal vino con nosotros cuando llegamos a este ciclo de tiempo, pero ha sido mitigada y debilitada por la idea de que los reflejos de luz en el espacio/tiempo que hemos estado recibiendo no poseen todo el poder de la mente -el poder de la mente que acabas de descubrir en la relación que tenemos tú y yo ahora.

Aquí llega Jesús. Míralo conmigo, mi amor; él se está apareciendo por todas partes. Mira, a él no le preocupa en absoluto lo que tú estés creyendo acerca de tu formulación corporal. Y yo solamente pasé por aquí a decírtelo. Ahora, independientemente del procedimiento que yo utilice y sin importar cómo me defina en una identidad corporal, siempre habrá una nueva manera en la que me pueda mirar en una nueva apreciación del amor que estoy encontrando al confiar en una nueva certeza que está creciendo tanto en mí como en ti.

Tenías incertidumbre pero eso ahora está cambiando, ¿verdad? Cada vez te sientes más seguro con respecto a una identidad muy privada que se relaciona contigo. Es bueno volverte a encontrar. Hay mucha alegría, y esto va a ser solo un pequeño receso privado entre nosotros, pero quiero que sepas que toda esta idea de contarnos historias sobre los milagros que están ocurriendo te va a entusiasmar por la idea sobre la luz con la que ahora puedes contar.

Practica conmigo: Déjalo ir. Bien. La mejor idea que puedes formular acerca de tu propio mecanismo de defensa es la de soltarlo, dejarlo ir. Lo sorprendente de algunas de estas historias contadas en el video es que hay momentos en los que has estado en profundo conflicto, sabes, donde no había mediación aparentemente posible y, de repente, dijiste, "No vale la pena seguir con esto, aquí está, tómalo". Ahora, el momento en que hiciste esto en tu mente, la otra asociación en su nueva definición de sí misma tal vez diga, "Oh, no, espera un momento, vamos a ver esto de nuevo, vamos a verlo nuevamente. Echemos otro vistazo a dónde estamos respecto al asunto en nuestra mente. No parece que podamos encontrar paz, alegría o felicidad en los intercambios que hemos considerado necesarios relacionados con las ideas que tenemos acerca de nosotros mismos" -y de repente, tienes de frente al Salvador.

Ahora, actuando como mediador individual dentro de tu mente se encuentra un elemento eficaz de expiación. Cristianos, no hay absolutamente ningún secreto acerca de esto. Ya hemos acordado que se lo están haciendo a ustedes mismos de todos modos. Eso nos dio mucha dicha, gracias. Eso da dicha por la idea de que vamos a estar juntos en otro momento, así que vamos a practicar una idea íntegra sobre la conversión de la mente, esa conversión de luz, la conversión -hay un eco, hay un eco de luz- ahí hay otro. Míralo conmigo: Cuando entramos a esta evidencia concreta de nuestro ser empezamos a aumentar la frecuencia de luz. Sería inevitable que estando en esa forma corporal, no hubieras comenzado a rexaminar las ideas que tienes con respecto a lo que realmente quieres ver ahí afuera.

En términos prácticos lo que ocurre es que llegas a un momento en tu mente en el que dices: "Tiene que haber otra cosa. La forma en que estoy viendo esto y lo que estoy viendo suceder en este mundo es imposible. Tiene que haber otra manera de canalizar mi necesidad" -escucha conmigo ahora, es importante- "de descubrir una razón para estar aquí. Me parece que todas las razones que he tenido para estar aquí en forma corporal han consistido en vivir lo mejor posible dentro de este marco de referencia corporal, recorriendo mi camino siguiendo una trayectoria particular que se basa en un principio y un final para terminar en la muerte".

Esto fue lo que sucedió con el regreso de Jesús. Tienes un nuevo marco de luz en el que Él está ofreciendo una continua conversión de las referencias pasadas y futuras -aquí va una buena- de modo que, de repente, estamos juntos... ¿Me lo permites? ¿Puedo ir a ese momento? Esto se convierte en un círculo de Expiación, en el que empiezo a reconocerte. La simplicidad de reconocerte estará siempre contenida en la simplicidad de reconocerme a mí, debido a que yo soy la causa tuya. Tal y como Jesús te recuerda, tú, en la identidad que te has adjudicado, eres la causa de este mundo, y cuando cambies tu manera de pensar, este mundo va a cambiar. Jesús te puede leer una plegaria, ¿te parece bien?

Lo básico de la idea según decides cambiar tu manera de pensar es ofrecerle a Dios, al Espíritu Santo, tu aceptación de que todas las decisiones que has estado tomando con respecto a ti mismo no coinciden con la dirección que Dios te ha estado dando. El Amor que Dios siente por ti no se preocupa por tu capacidad de decidir los resultados que deseas en tu mente -en tu propia mente, en tu propia mente- tu propia mente. Escucha, escucha esta plegaria, escucha:

Padre, tan solo necesito contemplar todo aquello que parece herirme, y con absoluta certeza decirme a mí mismo:

"La voluntad de Dios es que yo me salve de esto", para que de inmediato las vea desaparecer. Tan solo necesito tener presente que la Voluntad de mi Padre para mí es felicidad, para darme cuenta de que lo único que se me ha dado es felicidad. Tan solo necesito recordar que el Amor de Dios rodea a Su Hijo y mantiene su inocencia eternamente perfecta, para estar seguro de que me he salvado y de que me encuentro para siempre a salvo en Sus Brazos. Yo soy el Hijo que Él ama. Y me he salvado porque Dios en Su misericordia así lo dispuso.

Yo soy aquel que Dios ama, porque así Él lo ha dispuesto en la mente de la nueva energía luminosa entrando a nuestras mentes de manera individual en el reconocimiento de que al seguir las instrucciones de Jesús descubrimos el amor que sentimos unos por otros. Hay un factor muy importante, no te parece, que estábamos utilizando en la idea de la memoria de nuestro ser conceptual. Estábamos reconociendo la práctica, desde el regreso de Jesús, de haber estado enfrascados en una idea sobre el universo de estar aquí y estar viviendo como parte de ese ciclo. Hemos aumentado la frecuencia de la idea de la posibilidad del auto-reconocimiento la cual nos ha permitido en este momento sentir de repente esa dicha -esa dicha- esa idea acerca del amor dentro de nosotros. Gracias Jesús.

Mis amores, gracias por todo eso. Muchos de nosotros ahora estamos sintiendo de pronto ideas radiantes -escucha- que no han sido motivadas por ningún concepto. Algunos de nosotros dijimos: "No puedo continuar con esto más". Otros dijimos: "Tengo que practicar". Para algunos de nosotros -me están escuchando- esto vino de la nada. Pero tienes que recordar esto, este guión ya está escrito. El momento en que vas a reconocerte por completo y te escapas de este conflicto ya está establecido. Sin embargo, esto lo determina la mente, no lo que estás viendo ahí afuera. Todo lo que estoy haciendo contigo, con Jesús quien está parado justo aquí, es aumentar la frecuencia de las decisiones que son posibles para ti con respecto a esta vieja forma corporal que ves. Y de pronto, en un momento en el que te visualizas, empiezas a asumir aspectos de visiones acerca de ti en símbolos que encarnas -te ves tan hermoso. Todo lo que necesitas hacer es mirar a aquel que se encuentra a tu lado, sin importar quién sea y decirle: "Vaya, ¿de dónde viene toda esa luz?". Según empiezas a preguntar…. Y él te dice, "¿Estoy mostrando eso?" Y tú le dices: "Sí, ¿cómo lo haces conceptualmente?". Y él te dirá: "No lo estoy haciendo de manera conceptual. Recién descubrí que en este marco de tiempo está caminando conmigo una nueva y brillante referencia al descubrir las señales que se nos han dado para encontrar la forma corporal de Jesús". ¡Sorpresa! Él siempre estuvo caminando con nosotros de todos modos. Él siempre estaba con nosotros y estará con nosotros y nosotros nos iremos, y Él estará con nosotros en esta conversión de nuestro ser. Escucha, nunca más se nos perderá. Una vez tienes esto en tu mente lo llevarás contigo según completas esta jornada.

Te doy nuevamente las gracias por todo el amor que me has dado, porque te amo, y los aspectos por los que nos estamos viendo me han permitido decirte: "Haré lo que sea en el universo". Y lo digo literalmente. Haré lo que sea una vez empiece a ver cuán inevitable es el que haya otro lugar y tiempo disponible para mí en este ciclo de tiempo. Porque Dios nos ama a todos y cada uno y podemos decir juntos: "Dios nos bendice a todos". Y te veré en un momento según vuelas y te marchas de aquí. Podrías estar recibiendo una llamada en cualquier momento para echar un buen vistazo a la idea de que él esté de vuelta en esta secuencia de tiempo. Hemos tenido bastantes ideas de crucifixión; de repente él está aquí en la resurrección –en la resurrección, en la resurrección de tu mente- en la resurrección de tu mente.

Todo acerca de *Un Curso de Milagros*

A muchos de ustedes en este acelerado programa para el despertar les resulta cada día más intolerable la perenne reflexión de no encontrar en la tierra ser humano alguno que tenga seguridad sobre lo que es, dónde está, de dónde vino o hacia dónde va, y que tampoco sepa nada sobre la relación que existe entre él mismo y el universo que aparentemente le rodea.

Como elemento indispensable para la transformación, *Un Curso de Milagros* va a apoyar y acelerar la necesaria confrontación entre tu identidad objetiva y todo el universo subjetivo que te rodea para que puedas llevar a cabo la experiencia inevitable de resurrección e iluminación.

Lo que temes y niegas por medio de tu miedo posesivo, es tu propia iluminación; tu regreso a la mente de Dios o a la memoria de cruzar de ser una entidad temporal hacia la realidad de la vida eterna. De manera que se trata de tu transición de la muerte a la vida, viniendo de una antigua existencia sin significado, la cual, en realidad, hace mucho tiempo llegó al final y dejó de existir. Ésta es una enseñanza de iniciación o la determinación de una mente individual de llegar a su propio ser pleno y universal.

Es el ritual para tu paso del tiempo a la eternidad, de un aparente evento de separación a recordar ser perfecto tal como Dios te creó. Éste se logra por medio de una radiante reasociación de tu identidad individual perceptual. Es un despertar. Este catecismo de una fuente no mundana te dirige a la confrontación de la necesidad de remover el velo. Cada obstáculo que la paz deba cruzar se vence de la misma manera. El miedo que lo causó le da paso al amor que había detrás de él, y entonces el miedo desaparece.

PARA MÁS INFORMACIÓN VISITE: WWW.THEMASTERTEACHER.TV/ES

Diálogos con el Maestro de Maestros de
Un Curso de Milagros

Se trata de la recopilación de textos sobre charlas profundamente transformadoras dictadas por la mente lúcida del Maestro de maestros de *Un Curso de Milagros*. Estas antologías nos presentan ideas sobre los medios y el método para reconocer la transformación de nuestra mente y nuestro cuerpo según juntos y libremente logramos escapar más allá del universo ilimitado que nos rodea.

Las charlas de Master Teacher (Maestro de maestros) siempre desatan respuestas emocionales en los participantes según comienzan a sentir la reasociación y transfiguración de su mente. Es posible experimentar intensas y entusiastas reacciones ante este sencillo mensaje, dedicado totalmente a la verdad y comunicado desde el amor. De hecho, esta apertura al deseo de ser libre para crear que ocurre al liberar tu previa necesidad de retener la soledad, el dolor, el envejecimiento y la muerte que tú mismo te auto impones, es el resultado del radiante contagio con una mente íntegra.

Estas charlas servirán para ti, lector, como agente catalizador en tu propia identidad en el espacio/tiempo para tener la experiencia de iluminación necesaria para realizar el inevitable propósito de tu vida: recordar que eres íntegro y perfecto tal como Dios te creó.

PARA MÁS INFORMACIÓN VISITE: WWW.THEMASTERTEACHER.TV/ES

www.ingramcontent.com/pod-product-compliance
Lightning Source LLC
LaVergne TN
LVHW051843080426
835512LV00018B/3045